대한민국 '건국일'과 '광복절' 고찰

대한민국 '건국일'과 '광복절' 고찰

양동안 지음

백년
동안

우리 사회에서는 대한민국의 건국일이 언제인지, 대한민국 임시정부와 대한민국은 어떤 관계인지, 1945년 8월 15일에 우리 민족은 해방된 것인지 광복을 달성한 것인지, 광복절은 무엇을 경축하는 국경일인지 등을 놓고 논쟁이 끊임없이 계속되고 있다. 대한민국이라는 국가가 건립된 지 68년이나 되었음에도 불구하고 이런 쟁점들이 아직도 정리되지 않고 있다는 것은 부끄러운 일이다. 제대로 된 국가에서라면 이런 쟁점들은 건국 직후에 진지한 연구와 토론을 거쳐서 해결되었을 것이다. 우리나라에서는 건국된 지 반세기 넘는 세월이 지나도록 이런 쟁점들이 논란의 대상이 되고 있으니 부끄러운 일이 아닐 수 없다.

대한민국은 비밀리에 건국된 나라가 아니며, 건국·광복·해방·임시정부 등은 모호한 의미를 가진 용어들이 아니다. 따라서 대한민국의 건국과 관련된 역사적 자료들을 찾아보고, 건국·광복·해방·임시정부 등의 의미만 정확히 알아보면 그러한 쟁점들의 정답을 곧장 찾을 수 있다. 이상하게도 이 나라에서는 이렇게 쉬운 일이 행해지지 않고 있다. 대신에 그러한 쟁점들에 관한 감정적 선전, 자료의 의미를 왜곡 해석하는 곡학적(曲學的) 선전만 행해지고 있다.

그런가 하면, 정부는 국가정체성에 관련된 중요 사항들인 이런 쟁점을 둘러싼 사회적 갈등을 방관하고 있다. 이것들이 국가정체성에 관련된 중요 사항이므로 정부는 이런 쟁점을 둘러싸고 논쟁을 벌이는 관계당사자들을 불러모아서 자료와 학리에 근거한 진지한 토론을 하게 하고, 토론에서 타당한 논거를 제시하지 못하는 주장을 '잘못된 주장'으로 판정하여 그 사실을 널리 홍보한다면, 그리고 정부와 관련된 사항에 시정할 것이 있으면 곧장 시정한다면 금방 해결될 것이다. 그럼에도 불구하고 역대 정부는 이런 쉬운 일을 하지 않은 채 논란을 방치해왔다.

이 책은 대한민국의 건국일, 임시정부와 대한민국의 관계, 1945년 8·15의 성격, 광복절 등을 둘러싼 논쟁을 해소하기 위해 자료와 학리에 근거한 필자의 견해를 모아놓은 것이다. 이 책에 게재된 글들은 단행본을 만들기 위해 작성된 것이 아니라, 별도의 계기에 발표된 독립된 글들이다. 따라서 글 내용에 중복된 부분이 약간 있다. 독자들께서는 이 점을 양해해주시기 바란다.

출판업계의 어려운 사정에도 불구하고 이 책의 출판을 맡아준 백년동안의 김광숙 사장에게 감사드린다.

2016년 5월

저자 씀

차례

대한민국
건국일 고찰

제 나라 건국일도 모르는 한심한 국민

국가, 건국, 건국일 등에 관한 간략한 설명

대한민국 건국 의지의 기원은 3·1운동에서 선언된 독립정신

대한민국은 1948년 8월 15일에 건국

선포되지 않았어도 건국일은 건국일

제 나라 건국일도 모르는 한심한 국민

2006년 8월 14일자 「조선일보」는 대한민국의 건국에 관한 국민의식조사결과를 보도했다. 이 보도에 따르면, '대한민국의 건국일이 언제인지 알고 있는가'라는 질문에 대해 67.1%가 '모르고 있다'고 응답했고, 32.9%가 '알고 있다'고 응답했다. 2015년 8월 19일 여론조사회사인 「리얼미터」는 광복 70주년 관련 국민의식조사결과를 발표했다. 이 발표에 따르면, '대한민국 건국시점이 언제인가'라는 질문에 대해 63.9%가 '3·1운동과 임시정부가 수립된 1919년'이라 응답했고, 21.0%가 '남한정부가 수립된 1948년', 15.1%가 '잘 모름'이라고 응답했다. 두 여론조사 결과를 종합하면, 이 나라 국민 중 67.1%~79.0%는 자기 나라의 건국일을 모르거나 틀리게 알고 있고, 21%만이 자기 나라의 건국을 제대로 알고 있는 것으로 판단된다.

대한민국이 건국된 지 70년이 다 되어간다. 건국의 역사가 70년이 되는 국가에서 국민의 약 8할이 조국의 건국일을 잘 모르거나 틀리게 알고, 조국의 건국일을 제대로 아는 국민이 2할밖에 안 되는 나라가 이 지구상에 대한민국 말고 또 있을까? 대한민국이라는 국가는 건국 후 67년이 넘도록 건국일이 언제인지를 국민에게 정확히 가르쳐 주지 못한 한심하기 짝이 없는 국가이다.

건국일이 언제인지를 모르고 있는 것은 일반 국민만이 아니다. 언론기관의 보도나 정치인의 발언을 듣게 되면, 이 나라 정치인들의 다수가 대한민국의 건국일을 정확히 알지 못하거나 건국일에 대해 무관심한 것으로 보인다. 건국일에 대해 관심을 보이는 정치인들은 야당에 많다. 그런데 야당정치인들의 다수는 옳지 않은 건국일을 주장하고 있다. 여당 정치인들의 다수는 건국일이 정확히 언제인지에 대해 무관심한 태도를 보이고 있다.

행정부의 공무원들조차 건국일에 대해 잘 모르고 있으며, 심지어 건국일 문제에 직접 관련되어 있는 교육부, 문광부, 행자부의 장관을 비롯한 고위공무원들마저 건국일에 관한 정확한 지식을 가지고 있지 못하거나 무관심하다. 뿐만 아니라, 그런 부처의 공무원들은 자기 부처나 산하기관에서 발행하는 도서들에 '건국'이나 '건국일'이라는 용어가 들어가는 것을 애써 막으려 한다. 언제가 건국일인지 정확히 알려지지 않은 상황에서 자기 부처 관할 문서에 '건국'이나 '건국일'이라는 용어가 사용되어서 '정치적 시비의 대상이 되는 것을 피하겠다'는 보신제일주의 의식에서 비롯된 태도이다.

정확한 건국일을 모르며, 건국일 문제에 대해 보신제일주의적 회피 전술을 취하는 공무원 중에는 국사편찬위원회 위원장도 포함되어 있다. 대한민국의 역사를 잘못 기술한 역사교과서를 바로잡은 국정 국사교과서를 편찬하는 실무를 담당하고 있는 국가기관의 수장이 대한민국의 건국일에 대해 확실한 입장을 취하지 않고 보신주의적 회피 자세를 취하고 있다니 기가 찰 노릇이다. 박근혜 대통령은 우리나라가 1948년에 건국되었다고 말했고, 헌법재판소도 통합진보당 해산 판결을 내릴 때 대한민국이 1948년에 건국되었다는 점을 명시했다. 대통령과 헌재가 그렇게 분명히 말해주었는데도 이 나라 행정부의 장관들이나 국사편찬위원장을 포함한 고위 공무원들이 건국일 문제에 대해 정확히 알지도 못하고 회피적 언동을 하고 있는 것은 과도한 무지요, 과도한 보신제일주의 처신이라 아니할 수 없다.

시정의 보통사람이라도 자기의 생일을 모른다면, '근본을 알 수 없는 초라한 인간'으로 간주된다. 하물며 국가에서야 더 말할 것이 없다. 대한민국이 건국된 지 68년이나 되어가는데 아직도 국민의 압도적 다수가 정확한 건국일을 모르고 있으며, 행정부의 관련부처 장관들을 비롯한 고위 공무원들조차 정확한 건국일을 모르거나 그에 무관심한 것을 보면 대한민국이라는 국가가 불쌍하다는 느낌을 가지지 않을 수 없다.

대한민국이 처음부터 건국일이 없는 '생일 없는 국가'였던 것은 아니다. 1949년 8월 15일 정부는 '대한민국 독립 1주년' 기념식을 거행했으며, 모든 정당과 신문 들은 독립 1주년 기념 성명을 발표하고 기념 기사를 보도했다. 국가의 독립과 건국은 실천적 내용이 동일하기 때문에 1949년 8월 15일에 대한민국 독립 1주년이 되었다 함은 곧 그 1년 전인 1948년 8월 15일에 대한민국이 독립·건국되었음을 의미한다. 실제로 1949년 독립 1주년 기념 기사를 보도하는 데 일부 신문은 '건국 1주년'이라는 용어를 사용했고, 정당들의 성명에서 대한민국 건립(설) 1주년이 되었다고 말하기도 했다.

이후 대한민국이 1948년 8월 15일에 건국되었다는 사실, 다시 말해서 대한민국의 건국일이 1948년 8월 15일이란 사실은 논란의 여지가 없는 사실로 인정되어왔다. 그러던 것이 1980년대 좌익운동권이 대한민국의 정당성을 부정하는 선전투쟁의 일환으로 해방전후사 및 한국현대사를 대한민국 부정적 관점에서 서술한 도서들을 대량으로 쏟아내면서부터 대한민국의 국가성 및 국가적 정체성을 훼손하기 위해 대한민국의 '독립'이나 '건국'이란 용어의 사용을 기피하는 경향이 확산되었다. 좌익운동권의 이런 투쟁에 점차 비좌익 한국사 연구자들도 동조하게 되었다.

그런 경향은 해가 갈수록 강화되어 건국 60주년이 되던 해인 2008년에는 광복회와 한국사학회 및 민주당 국회의원들이 합세하여 대한민국은 1948년에 건국된 것이 아니라 1919년에 건국되었다고 주장하며, 이명박 정부에 대해 '건국 60주년'이란 용어를 사용하지 못하도록 압력을 가했다. 겁쟁이 이명박 정부는 이에 굴복했고, 이후 행정부 관리들은 '건국'이란 용어의 사용을 회피했으며, 언론매체들도 이에 동조했다. 이렇게 해서 대한민국은 건국일을 잃어버렸고, 오늘날 '생일 없는 인간'과 같은 초라한 국가로 전락했다.

대한민국의 건국일이 실종됨으로 해서, 각급 학교 한국사 교과서에는 우리 민족의 과거 국가들의 건국일은 다 기록되어 있으면서 우리 민족의 현재 국가인 대한민국의 건국일은 기록되지 않고 있다. 그래서 압도적 다수의 국민이 대한민국의 건국일을 모르게 된 것이다.

고등학교 한국사 교과서의 오류가 많아 그것을 바로잡기 위한 국정교과서를 제작하는 업무를 수행하는 국사편찬위원회는 '건국일'과 '건국'이란 용어를 사용하면 시비가 많기 때문에 그 문제 또는 용어를 아예 사용하지 않을 방침임을 그 위원장이 밝혔다. 잘못을 바로잡기 위해 국정교과서를 제작한다면, 대한민국 건국일이 어느 날인가에 대해서도 학리적으로 시비를 가려서 국정교과서에 서술하여 국민이 자기 나라의 건국일을 알게 해야 할 것인데, 그 반대로 방침을 세운 것이다. 공공적인 문제를 둘러싸고 시비가 일어나면 법리와 학리에 입각하여 그 시비를 가리기 위해 국가와 정부가 존재하는 것이다. 시비에 말려들기 귀찮다 하여 시비를 외면한다거나 시(是)와 비(非) 사이에서 타협적 중간을 취한다는 것은 국가나 정부의 존재이유를 외면한 짓이다.

　이 글은 생일을 잃어버린 대한민국에게 생일을 찾아주기 위해서 작성된다. 대한민국의 생일 곧 건국일을 찾으려면, 건국일이 무슨 날인지를 알아야 한다. 건국일이 무슨 날인지를 알려면 건국의 의미를 정확히 알아야 한다. 건국의 의미를 정확히 알려면 국가의 의미를 알아야 한다. 국가와 건국 및 건국일의 정확한 의미를 차례로 정리해보자.

국가, 건국, 건국일 등에 관한 간략한 설명

국가가 무엇을 의미하는가를 놓고 정치학에서는 상당히

다양한 뜻풀이들이 있다. 그러나 다양한 뜻풀이들도 다음과 같은 국가의 특징 네 가지에 대해서는 공통된 인식을 하고 있다. ①국가는 특정 지역을 배타적으로 지배하는 지리적 단위의 정치결사이다. ②국가는 자기가 지배하는 영토에서 물리적 강제력을 독점한다. ③국가는 영토 내에 거주하는 사람들에게 자기가 원하는 질서를 강제한다. ④국가는 영토 내의 통치와 외부세력과의 관계 형성에서 외부세력의 간섭을 받지 않는다.

국가의 특징에 관한 이와 같은 공통인식을 토대로 국가를 정의하면, 큰 결함이 없는 국가의 정의가 된다. 그렇게 정의할 경우, 국가란 특정 지역을 배타적으로 지배하면서 영토 내의 물리적 강제력을 독점하고, 영토에 거주하는 주민들에게 특정 질서를 강제하며 외부세력과의 관계를 형성하는 데 외부세력의 간섭을 받지 않는 포괄적인 정치적 결사이다.

어떤 정치적 결사가 국가로 되려면, 다시 말해서 국가로서의 자격을 갖추려면 실천적 행위로서 앞에서 열거한 국가의 특징을 나타내야 한다. 어떤 정치적 결사가 실천적 행위로서 네 가지 특징을 나타내려면 그 결사가 몇 가지

요소들을 반드시 갖추어야 한다. 그 몇 가지 요소들을 국가 구성의 필수적 요소들이라 한다.

국가 구성의 필수적 요소들은 어떤 정치적 결사가 국제사회(국가들로 이루어진 사회)에서 국가로 대우받기 위해 갖추어야 할 조건이기도 하다. 따라서 국가 구성의 필수 요소를 열거·설명하는 것은 국제사회에서 국가로 대우받기 위해 갖추어야 할 조건을 말하는 것과 동일하다. 정치학이나 법학에서는 국가 구성의 필수 요소 또는 국제사회에서 국가로 대우받기 위해 갖추어야 할 조건을 설명하는 유용한 준거로 '국가들의 권리와 의무에 관한 몬테비데오 협약(Montevideo Convention)' 제1조의 내용을 이용하고 있다. 몬테비데오 협약 제1조는 "국제법의 인격체로서의 국가는 다음의 자격요건을 갖추어야 한다. (a)상주하는 인구, (b)명확한 영토, (c)정부, 그리고 (d)다른 국가들과 관계를 맺을 수 있는 능력"이라고 규정하고 있다.

몬테비데오 협약 제1조에서 말하는 상주하는 인구(a permanent population)란 영토에 지속적으로 정주(定住)하는 인구를 뜻한다. 국적자로 등록한 인구를 뜻하기도 한다. 명확한 영토(a defined territory)란 주변국들 또는 국제사회가 인정해주는 영토를 뜻한다. 외부의 개인이나 집단이 함부로 침입할 수 없는 지역이라는 인식을 가질 정도로 수비되는 영토를 뜻하기도 한다. 정부(government)란 영토에 거주하는 인구에 대해 실효적 통제를 할 수 있는(혹은 영토에 거주하는 인구가 준수할 법률을 제정하고 집행할 수 있는) 정부를 뜻한다. 다른 국가들과 관계를 맺을 수 있는 능력(capacity to enter into relations with the other states)이란 대외적 독립성과 자주외교권, 곧 주권을 뜻한다.

　건국 곧 국가의 건립이란 상주하는 인구, 명확한 영토, 정부, 주권 등 국가 구성 필수 요소를 갖춘 정치결사가 출현하는 것을 뜻한다. 거의 모든 국가의 건국이 이루어지는 과정을 보면, 영토와 인구를 갖춘 정부가 국가보다 앞서 나타나고, 그 정부가 주권을 확보하여 건국이 이루어진다. 건국은 국가구성요소들의 완비를 뜻하며, 실천적 의미에서는 독립과 동일하다.

　건국을 국가 구성 필수요소들을 갖추어가는 일련의 과정의 완성으로 볼 수 있다. 이는 국가 건립과정을 건축물의 건설과정에 비교하여 유추하는 관념이다. 건국은 또한 새로운 국가의 탄생(the birth of new state)이란 용어에서 알 수 있는 바와 같이 인간의 출생에 비추어 생각할 수도 있다.

건국일이란 위에서 설명한 국가 구성의 4가지 필수 요소들이 완전히 갖추어진 날을 뜻한다. 건물의 건축에 비유하자면 건물의 건축공사가 완결된 날이 건물의 건립일인 것처럼, 국가 구성의 4가지 필수 요소들이 완비되는 날이 건국일이다. 인간의 출생에 비유하면 아기의 전신이 노출된 날이 아기의 생일이듯이, 국가 구성의 필수 요소들을 완비한 정치결사가 출현하는 날이 건국일이다. 좀 더 구체적으로 말하자면, 먼저 수립된 정부가 주권을 확보함으로써 국가 구성의 필수 요소들을 완비한 날, 또는 주권을 확보한 정부가 수립된 날이 건국일이다.

대한민국 건국 의지의 기원은
3·1운동에서 선언된 독립정신

대한민국의 건국은 그 의지 면에서는 1919년 3·1운동에서부터 시작되었다. 대한제국이 일본에 강제 병합 당한 후

국가 부재상태에 있던 한민족이 3·1독립운동을 통해 새로운 민족국가를 건립하려는 의지를 거족적으로 천명했다. 3·1운동은 「독립선언서」에서 "오등(吾等)은 자(玆)에 아(我) 조선(朝鮮)의 독립국(獨立國)임과 조선인(朝鮮人)의 자주민(自主民)임을 선언(宣言)하노라"라고 천명하였다.

거족적으로 천명된 독립국가 건립 의지를 실현하기 위해 해내외 각지에서 독립운동을 전개하던 독립운동 엘리트들이 독립국가 건립을 추진하기 위해 임시정부를 구성했다. 1919년 3월 17일 블라디보스토크에서 소련 영토에서 활동하던 독립운동가들이 대한국민의회정부를 수립했다. 4월 11일에는 상해에서 중국 영토에서 활동하던 독립운동가들이 대한민국임시정부를 수립했다. 4월 23일에는 한성(지금의 서울)에서 전국 13도 대표 24명이 모여서 국민대회를 개최하고 임시정부를 수립했다.

각지에서 별도로 임시정부를 조직한 독립운동가들은 3개의 임시정부를 하나로 통합하는 노력을 전개했다. 통합 노력의 결과 △13도 대표가 국민대회를 통해 선포한 한성 임시정부가 민족대표성을 가장 확실하게 보유하고 있다는 점을 인정하여, △상해임시정부와 블라디보스토

크 임시정부를 한성 임시정부로 흡수 통합하고, △정부의 명칭은 대한민국 임시정부로 하고 소재지는 상해로 하기로 합의되었다. 합의에 따라 1919년 9월 11일 3개 임시정부가 하나로 통합된 대한민국 임시정부가 수립되었다. 통합 임시정부의 주요 구성원은 임시대통령 이승만, 국무총리 이동휘, 노동국총판 안창호 등이었다.

임시정부는 우리 민족의 독립국가를 건립하기 위한 다양한 준비활동을 전개했다. 외교활동과 군사활동뿐만 아니라 의열활동과 법제준비활동도 전개했다. 그러나 그러한 건국준비활동들은 그 규모와 강도가 빈약한 탓으로 한반도를 압도적 군사력으로 강점하고 있던 일본을 축출하는 데 의미있는 효과를 거두지 못했다.

태평양 전쟁에서 연합군에 패배한 일본은 1945년 8월 15일 항복을 선언했고, 한반도는 소련과 미국에 의해 분할 점령되었다. 북한을 점령한 소련군은 말할 것도 없고 남한을 점령한 미군도 임시정부를 실질적인 임시정부로 인정해주지 않았다. 이로써 민족의 새로운 독립국가를 건국하기 위해 준비 작업을 해온 임시정부의 건국 노력은 종식되었다. 임시정부를 구성했던 독립운동가들은 개인 자격으로 귀국하여 건국노력을 전개했다.

1945년 8월 15일 이후 한반도에서 전개되는 건국노력은 경쟁하는 모든 정치세력이 제로 베이스에서 출발하게 되었다. 건국-독립을 놓고 3개의 그룹이 경쟁·대결했다. 우익진영은 자유민주주의 통일국가를 건국하려 했다. 좌익진영은 공산주의 통일국가를 건국하려 했다. 중간파는 좌우합작 정부를 건국하려 했다. 임시정부 구성원 중 우파는 우익진영과 함께 했고, 좌파는 공산세력과 함께 했으며, 일부는 좌우합작운동에 참여했다.

3개 세력 중 좌익세력은 남북의 좌익이 단합하여 정부수립을 신속하게 추진했다. 나머지 세력은 남북의 동일세력간의 연결 없이 정부수립을 추진했다. 소련군의 점령통치가 시작된 지 3개월이 지난 1945년 말 경부터서는 북한지역에서 소련군의 탄압으로 인해 우익세력과 중간파세력이 독자적 세력으로서의 역량을 갖추지 못했다.

남한 지역에서 우익진영의 대표적 인물은 이승만과 김구와 김성수이고, 주도조직은 독립촉성국민회와 한국민주당(이하 한민당)이었다. 좌익진영의 대표적 인물은 박헌영과 여운형이고 주도조직은 남로당과 민주주의민족전선이었다. 중간파의 대표적 인물은 김규식과 안재홍이고, 주도 조직은 좌우합작위원회→민족자주연맹이었다.

대한민국은 1948년 8월 15일에 건국

일제가 물러간 한반도에서의 건국 노력의 초점은 정부 수립으로 모아졌다. 비록 외국군대의 점령하에 있기는 하지만 영토와 인구가 확보된 조건에서 국가를 건립하는 것이었기 때문이다. 우리 민족의 손으로 정부를 구성하고 그 정부가 외국점령군으로부터 통치권을 인수하면 건국이 이루어지는 것이었다.

좌익진영의 건국 노력은 신속하게 진행되었다. 북한을 점령 중인 소련군이 지침을 제공하고 그 지침을 이행하는 남북 좌익진영의 노력을 적극적으로 지원했기 때문이다. 좌익진영은 북한에 먼저 공산정권을 수립하고 그것을 기지로 삼아 남한의 공산화를 추진한다는 전략(이른바 '북조선민주 기지론')에 따라 건국 노력을 전개했다. 좌익진영은 1946년 2월 북조선임시인민위원회라는 명칭의 공산화추진 단독

임시정부를 구성하고, 1946년 11월 도·시·군 인민위원 선거를 실시했다. 인민위원들이 1947년 2월 북조선인민회의를 구성하고, 곧이어 인민회의는 북조선인민위원회라는 북한의 단독 정식 행정부를 설립했다.

우익진영의 건국 노력은 지지부진했다. 우익진영은 3·1운동의 독립정신을 계승하여 모스크바협정에서 천명된 신탁통치를 반대하고 조속한 독립(건국)을 실현하려 했다. 북한 점령 소련군이 우익세력 및 반탁세력을 무자비하게 숙청하는 바람에 북한지역에서는 우익진영의 건국 노력이 아무런 성과도 거둘 수 없었다. 남한 지역에서도 지지부진했다. 미국이 소련과 합의하에 한반도 문제를 해결한다는 정책에 따라 우익진영의 조속 건국 노력을 억압했기 때문이다.

제1차 미소공동위원회가 결렬되고, 북한에서 임시인민위원회가 토지개혁 등 공산화로 가기 위한 사회변혁을 급속하게 추진하던 1946년 6월 이승만은 미국과 소련의 회담 진전을 무작정 기다릴 것이 아니라 남한지역에 과도정부 또는 임시위원회 같은 것을 만들어 북한에서 소련군이 철수하도록 외교적 노력을 전개하여 통일을 달성하자고 제안했다. 이른바 정읍발언이라는 것이다.

이승만의 정읍발언이 보도되자 좌익세력이 단독정부 구상이라며 극렬하게 비판하고 나섰다. 우익진영에 속하는 임정 우파 중 김구와 추종자들도 정읍발언을 비판했다. 이들은 북한에서 이미 북조선임시인민위원회라는 단독 임시정부가 설립되어 공산화로 가기 위한 사회변혁을 급속히 추진하고 있는 점에 대해서는 전혀 비판을 가하지 않고, 북조선임시인민위원회와 유사한 성격의 임시정부 또는 과도정부를 남한에서도 설립하자는 이승만의 정읍발언에 대해서는 맹렬히 비판했다. 이 무렵부터 임정 우파내 김구 추종자들은 이승만-김성수가 이끄는 우익진영 주류와 갈등하기 시작했다.

1947년 9월 제2차 미소공동위원회가 교착상태에 빠지자 미국은 한국의 독립문제를 유엔 총회에 상정했다. 유엔 총회는 11월 14일 '남북한 전역에서 유엔감시하의 자유 총선을 실시하여 한반도 통일정부를 구성하여 독립을 달성하라'고 결의했다. 소련과 남북한의 좌익은 유엔총회의 그러한 결의를 반대하고 미소군의 조기 철수 후에 남북정치세력이 협상을 통해서 통일정부를 구성하여 독립을 달성하자고 제안했다.

유엔총회 결의에 대한 소련의 반대로 남북한 전역에서 총선 실시가 불가능하게 되었다면 선거가 가능한 지역, 즉 남한에서라도 총선을 실시하여 정부를 구성하는 것이 타당하다는 여론이 우세해졌다. 그 무렵 우익진영 주류와 갈등관계에 있던 김구는 그런 여론의 동향과는 반대로 움직여서 1948년 1월 하순 북한 정권이 판을 벌여놓은 남북협상으로 돌진, 우익 진영의 대한민국 건국 노력을 방해했다. 임정 우파 내의 이시영·신익희·이청천·이범석 등은 김구 추종자들과 분리하여 우익 진영의 건국노력에 동참했다.

우익진영의 노력과 미국의 정책변경으로 인해, 그리고 1948년 2월 26일 유엔소총회가 '총선이 가능한 지역(남한지역)에서 유엔총회의 한국문제 결의를 이행하라'고 결정함에 따라 대한민국 건국을 위한 남한 총선이 이루어지게 되었다. 1948년 5월 10일 총선이 실시되어 건국을 위한 첫 번째 제도적 조치가 취해졌다.

5·10선거에서 당선된 국회의원들은 5월 31일 국회를 개원했다. 국회는 7월 17일 국호를 대한민국으로 하는 새

대한민국 정부수립 국민축하식. 1948년 8월 15일 중앙청 광장에서 대한민국 정부수립 국민축하식이 거행되었다. 이날 오전에 대한민국 정부수립이 선포되고, 이날 밤 12시를 기해 미군정청이 대한민국 정부에 통치권, 곧 주권을 이양함으로써 대한민국이 건국·독립되었다. 대한민국에 비판적인 사람들은 이날 대한민국 정부수립만 선포되었지 대한민국 건국이 선포되지 않았으므로 이날은 대한민국 건국일이 아니라고 억지 주장을 편다.

로운 국가 건립의 법적 바탕이 되는 헌법을 제정했다. 헌법에 따라 7월 24일 대통령 선거를 실시하여 이승만을 대통령으로 선출했다. 이승만은 곧 행정부를 구성하고 사법부 수장인 대법원장을 임명했다. 이로써 입법·행정·사법의 3부를 갖춘 대한민국의 정부가 조직되었다.

　대한민국 정부는 1948년 8월 15일 '대한민국 정부 수립 국민축하식'을 거행하고 대한민국 정부가 수립되었음을 선언했다. 그리고 미군정과의 사전 합의에 따라 이날 밤 12시를 기해 미군정으로부터 통치권, 곧 주권을 인수했다. 이로써 국가 구성의 4개 필수요소인 영토·국민·정부·주권을 완비한 대한민국이란 독립국가가 탄생된 것이다. 따라서 대한민국의 생일, 곧 건국일은 1948년 8월 15일인 것이다.

선포되지 않았어도 건국일은 건국일

이처럼 대한민국이 1948년 8월 15일에 건국되었음을 객관적인 사실들이 입증하고 있음에도 불구하고, 그것을 부정하는 사람들이 있다. 그중 한 부류는 1948년 8월 15일에 '대한민국 정부수립'만 기념·선포되었을 뿐, '대한민국 건국 또는 독립'이 기념·선포되지 않았으므로, 그날 대한민국 정부만 수립되었고 대한민국은 건국되지 않았다고 주장하는 사람이다. 다른 부류는 대한민국이 1919년에 건국되었기 때문에 1948년 8월 15일은 대한민국 건국일이 아니라고 주장하는 사람들이다. 1919년 대한민국 건국설에 대해서는 다음 장 「1919년 건국설 비판」에서 그 오류를 비판하기로 하고, 여기서는 대한민국 건국 또는 독립이 기념·선포되지 않았기 때문에 대한민국 건국은 1948년에 건국되지 않았다는 주장의 오류만 비판하기로 한다.

이런 주장을 하는 사람들은 모든 사건은 그것이 발생하는 날 반드시 기념되거나 선포된다고 생각하는 오류를 범하고 있다. 사건이 발생하고도 기념하거나 선포하지 않은 사건들은 너무도 많다. 아기의 출생도 공지(선포)되기도 하고 공지되지 않기도 한다. 아기의 출생이 공지되지 않았다 하여 그 아기의 생일이 객관적으로 입증되는 출산일이 아닌 다른 날로 되어야 하는가?

필자는 10대 후반과 20대 초반에 냉소주의에 물들어 형식을 무시했다. 그래서 고등학교와 대학교의 졸업식에 참석하지 않았다. 또 졸업했다는 사실도 선포하지 않았다. 그러면 필자는 고등학교나 대학교를 졸업하지 않았는가? 졸업에 필요한 조건들을 다 갖춘 상태에서 졸업식에 불참하고 졸업을 선포하지도 않았지만 졸업을 한 것은 객관적 사실이다. 그렇기 때문에 필자는 모교인 순천고등학교나 서울대학교에서 필요할 때마다 졸업증명서를 발급받았다.

대한민국의 건국도 마찬가지다. 어떤 연유로 해서 건국 기념식을 거행해야 할 날에 건국기념식을 거행하지 못했고, 건국 사실을 선포하지 않았더라도 객관적으로 건국에 필요한 요소들을 다 갖추었으면 그것이 바로 건국이요 그 날이 바로 건국일인 것이다.

대한민국이 1948년 8월 15일에 건국을 기념하지 않고 정부수립만을 기념한 것은 그럴 만한 사정이 있어서였다. 전술한 바와 같이, 대한민국의 건국에서 핵심사항은 정부 수립이었다. 영토와 국민이 이미 확보되었고, 주권도 정부 수립일에 인수하기로 미국과 사전 양해되어 있었기 때문 이다. 그래서 당시 이승만 행정부는 정부가 수립되면 주권을 인수받는 것은 당연한 일이기 때문에, 그리고 정부수립이 너무 어렵게 이루어졌기 때문에 정부수립을 기념·선포하고 건국·독립을 기념·선포하지 않았던 것이다.

여기서 유의해야 할 사항은 당시 정치지도자들이나 신문들은 1948년 8월 15일 정부수립기념 국민축하식이 거행되기 전에 1948년 8월 15일부로 대한민국이 건국 독립하게 된다는 점을 잘 알고 있었다는 사실이다. 기념행사가 거행된 8월 15일로부터 1주일 전인 8월 7일까지의 기간에 신문에 보도된 사항들을 보면, 이승만이 8월 15일의 행사를 '독립선포기념식'으로 자주 표현하기도 했고, 이시영 서재필 김규식 등 정치지도자들도 그렇게 표현했다. 이시영은 8월 15일에 거행될 기념식을 '대한민국의 독립을 선포'하는 식으로 말했고, 서재필은 "(8월 15일 기념식을 계기로) 조선민족이 참으로 자성하여 진정한 독립정부로 발전하면 죽어서라도 나는 만족하겠다"고 말했다. 김규식은 "우리가 독립을 갖게 된다고 하여도 나보기에는 불만한 감을 면치 못한다"고 말했다. 이처럼 정치지도자들이 1948년 8월 15일의 정부수립 축하식을 독립선포식으로 이해하고 있었음에도 불구하고 기념식의 명칭을 독립기념식이나 건국기념식으로 하지 않고 정부수립 국민축하식으로 거행했던 것이다.

그 이유가 무엇이었든지 간에 대한민국이 건국된 날에 건국을 기념·선포하지 않은 것은 사실이지만, 그렇다고 해서 그것을 논거로 삼아, 객관적으로 대한민국의 국가구성 필수요소들이 완비된 것이 확실한 1948년 8월 15일을 건국일이 아니라고 주장하는 것은 공지되지 않은 것을 이유로 실제로 일어났던 객관적 사실을 부정하는 것과 같은 억지에 지나지 않는다. 대한민국의 건국이 기념되고 선포되지 않았더라도 대한민국이라는 국가의 건립에 필요한 조치들이 다 취해졌으면 그것이 대한민국의 건국이고, 그것이 행해진 날이 대한민국의 건국일인 것이다.

한편, 면밀히 따지고 보면, 대한민국의 건국이 완전히 선포되지도 기념되지도 않은 것은 결코 아니다. 대한민국 정부와 국민은 1949년 8월 15일 '대한민국 독립 1주년 기념식'을 거행했다. 국가에 있어서는 독립과 건국의 실천적 내용이 동일하다. 독립은 인구·영토·정부·주권을 갖추는 것이고, 건국도 인구·영토·정부·주권을 갖추는 것이다. 대한민국 정부와 국민이 1949년 8월 15일에 독립 1주년 기념식을 거행했다는 것은 그 1년 전에 대한민국이 독립=건국되었음을 선포하고 기념하는 행위를 한 것을 의미한다.

대한민국 독립 1주년 기념식에서 이승만 대통령은 "민국 건설 제1회 기념일인 오늘을 우리는 제4회 해방일과

대한민국 독립 1주년 기념식. 1949년 8월 15일 중앙청 광장에서 대한민국 독립 1주년 기념식이 거행되었다. 대한민국 독립 1주년 기념식이 거행되었다는 것은 대한민국이 1년 전에 독립·건국되었음을 선포한 것과 같은 의미를 가진다. 이 독립기념일이 후일 광복절로 명칭이 변경되었다.

같이 경축하게 된 것입니다. 이 어려운 첫해 동안에 많은 곤란과 장애 중에서도 민국의 안전과 기초 확립에 많은 진전이 있은 것은 사실입니다"라고 선언하여 대한민국이 1년 전에 독립, 즉 건국되었음을 선포하였다.

주요 정당과 단체들도 독립 1주년 기념성명을 발표했다. 그중 임정 지도부의 한 사람이며, 1948년 평양 남북협상에 참여했던 조소앙이 이끄는 사회당의 성명을 소개하면 다음과 같다.

"8·15 이날은…… 우리 민족 해방 4주년 기념이요, 우리 대한민국 독립 1주년 기념이다. ……독립 1주년 기념일인 8·15를 맞이하는 우리는 확고한 신념과 새로운 맹서를 하여야 하겠으니 대한민국을 적극 강화하여 5천 년 독립국가로의 역사적 토대와 법통을 계승한 이 나라로 하여금 그 주도적 역할하에 남북통일의 대업을 완수하도록 우리는 적극 협조하여야 할 것이다."

1949년 8월 15일 현재, 대한민국의 대통령과 정당 단체들은 이구동성으로 대한민국이 1년 전인 1948년 8월 15일에 독립=건국되었음을 확인·축하했다. 물론 모든 언론기관도 이날 대한민국이 1년 전에 독립=건국했음을 확인·축하했다.

1950년 이후로도 언론기관들은 광복절에 관한 보도에

서는 혼선을 빚으면서도, 1948년에 대한민국이 건국되었다는 사실을 보도하는 데는 혼선을 빚지 않았다. 그리고 1948년부터 10년, 20년, 30년 등 매 10년 단위로 건국 10주년, 건국 20주년, 건국 30주년 등의 특집보도를 했다. 1998년 건국 50주년까지는 그런 관행을 유지해왔다. 또한 정부와 국민들도 대한민국이 1948년에 독립＝건국되었다는 점을 논란의 여지없는 사실로 수용해왔다.

이처럼 조야와 모든 국민이 인지했던 대한민국 독립＝건국일(1948년 8월 15일)이 일차적으로는 좌익혁명세력의 반대한민국적 선전투쟁 때문에, 이차적으로는 광복회와 그 주변에 기생하는 한국사연구자들의 왜곡된 민족주의 감정에서 비롯된 궤변 때문에 압도적 다수 국민들의 뇌리에서 사라졌다. 통탄할 일이다.

이 시간 현재 전 세계의 국제 자료, 주요 국가들의 외국 소개 자료에서 대한민국의 건국일(the date of state formation)을 찾아보면, 하나도 빠짐없이 1948년 8월 15일로 기록되어 있다. 객관적 증거상으로는 대한민국의 건국일은 1948년 8월 15일 말고는 있을 수 없기 때문이다. 이처럼 세계 각국이 모두 1948년 8월 15일을 대한민국 건국일로 정확히 알고 있음에도 불구하고, 정작 대한민국 국민 가운데는 대한민국 건국일이 1948년 8월 15일이라는 사실을 정확히 알고 있는 비율이 그렇게 알고 있지 않은 국민보다 낮다. 세계가 다 아는 대한민국 건국일을 대한민국 국민들만 제대로 모르고 있고, 대한민국 건국일을 세계가 다 아는 바와 같이 1948년 8월 15일이라고 말하는 것을 '헌법의 부정'이요 '역사의 왜곡'이라고 비판하는 정당들이 국회의 과반수 의석을 차지하고 있으니, 이게 무슨 국가 망신인가? 도대체 대한민국은 국가다운 국가이며, 이런 국가의 수치스런 꼴을 가만히 지켜만 보는 행정부는 무엇을 위한 행정부인가?

1919년
대한민국 건국설
비판

역사는 과학으로서의 역사와 선전으로서의 역사로 구분
해야 한다. 현대의 역사학은 과학으로서의 역사만을 인정
한다. 과학으로서의 역사를 연구·서술하는 데 반드시 지
켜야 할 기본원칙들이 있다. 그중 사료의 해석 및 채택과
관련된 것으로 두 가지 기본원칙을 들 수 있다. 첫째는 사
료(史料)의 의미를 정확하게 해석하는 것이고, 둘째는 신뢰
도 높은 사료와 신뢰도가 빈약한 사료의 내용이 경합할 때
는 신뢰도 높은 사료의 내용을 채택하는 것이다.

　건국헌법의 전문(前文) 구절이나 이 박사의 '민국(民國)'
연호 사용을 근거로 1919년 4월에 행해진 상해임시정부

수립이 대한민국의 건국이라고 주장하는 사람들이 있다. 그런 주장을 하는 것은 앞서 말한 역사연구·서술의 기본 원칙을 위반하는 사람들이다.

건국헌법 전문 구절의 부적절한 해석

첫째, 그들은 사료의 의미를 정확하게 해석하지 않았다. 1919년 대한민국 건국설을 주장하는 사람들은 대한민국 건국헌법 전문(前文)의 "……기미 삼일운동으로 대한민국을 건립하여 세계에 선포한 위대한 독립정신을 계승하여 이제 민주독립국가를 재건함에 있어서……"라는 구절과 이승만 박사가 1919년부터 기산하는 '민국 ○○년' 연호를 사용한 행위의 의미를 정확하지 않게 해석하여 자기들의 주장의 논거로 제시하고 있다.

그들에 따르면, '기미 삼일운동으로 대한민국을 건립하여'는 1919년에 대한민국이 건국된 것을 뜻하며, '이제 민주독립국가를 재건함'은 1948년에 대한민국이 새로 건국되지 않고 이미 존재해온 대한민국 임시정부가 재건되었

음을 뜻한다는 것이다. 따라서 대한민국은 1948년에 건국
되지 않고 1919년에 건국되었다는 것이다.

그들은 또 이승만 박사가 1948년 8월 15일 대한민국 정
부수립 이후에도 '민국' 연호를 사용한 것은 이 박사 자신
부터 1948년이 아닌 1919년에 대한민국이 건국되었음을
인정한 것이라고 주장한다. 대한민국의 대통령이 이처럼
1919년에 대한민국이 건국되었다고 했으니, 대한민국은
1948년이 아닌 1919년에 건국되었다는 것이 그들의 주장
이다.

건국헌법 전문에 대한 그들의 이러한 해석은 사료의 의
미를 파악함에 있어서 맥락을 모르고 자의적(字義的) 의미
만 생각하는 잘못된 해석이고, 이승만의 민국 연호 사용을
대한민국의 건국연도에 대한 이승만의 의견을 말하는 것
으로 해석하는 것은 아전인수적 곡해이다.

문서화된 사료는 그 작성자들의 정치적 목적이나 편견,
또는 언어학적 무지에 의해 부적절한 용어들로 작성될 수
도 있기 때문에 그 정확한 의미를 파악하려면 사용된 용
어의 글자 뜻과 문법에만 의존해서는 안 된다. 사료에 들
어 있는 문장이 무엇을 의미하는지를 정확히 알아내려면

문장작성자들의 의도, 그런 문장이 작성·삽입된 정치·사회·문화적 상황, 분석대상이 된 문장이 작성된 전후에 문장 작성자가 관련된 주제에 대해 어떤 말을 했는지 등과 같은 맥락에 비추어서 문장의 의미를 파악해야 한다.

건국헌법 전문의 문제 구절이라는 사료의 맥락을 파악하려면 먼저 건국헌법 전문의 문제 구절이 누구의 주도로 삽입되었는지를 알아야 한다. 건국헌법의 국회심의과정 (1948년 7월 1일 국회의 헌법안 제2독회)에서 한 이 박사의 발언이나, 제헌국회 헌법기초위원회 서상일 위원장의 증언에 비추어볼 때 문제의 구절은 당시 국회의장 이승만 박사의 아이디어에 따라 삽입된 것이다.

건국헌법 전문의 문제 구절의 의미를 맥락에 맞게 해석하기 위해 두 번째로 해야 할 일은 이 박사가 어떤 생각에서 문제 구절을 건국헌법 전문에 삽입하는 것을 주도했는지를 파악하는 것이다. 그것을 파악하려면 이 박사가 문제 구절을 헌법 전문에 포함시키기 전후로 건국과 관련하여 어떤 발언을 했는지를 알아봐야 한다.

이 박사는 헌법 전문의 문제 구절의 최초 버전을 1948년 5월 31일 국회의장 취임연설에서 제시했다.

그 내용은 다음과 같다.

"우리는…… <u>국회의원 자격으로</u> 이에 모여 우리의 직무와 권위를 행할 것이니 먼저 헌법을 제정하고 <u>대한독립민주정부를 재건설</u>하려는 것입니다. ……이 민국은 기미 3월 1일 우리 13도 대표들이 서울에 모여서 국민대회를 열고 대한독립민주국임을 세계에 공포하고 임시정부를 건설하여 민주주의의 기초를 세운 것입니다. 불행히 세계 대세에 인연해서 우리 혁명이 그때에 성공이 못 되었으나 우리 애국남녀가 해내 해외에서 그 정부를 지지하며 많은 생명을 바치고 혈전고투하여 <u>이 정신만을 지켜온 것</u>이니 오늘 여기서 <u>열리는 국회는 즉 국민대회의 계승이요.</u>"(※이 박사는 대한민국이 독립정신을 계승한 임시정부는 漢城임시정부이지 上海임시정부가 아니라고 말했는데, 1919년 건국론자들은 그것도 왜곡하여 이 박사가 대한민국이 상해임시정부를 계승한 것으로 말한 것처럼 주장한다.)

이 인용문의 핵심 의미는 밑줄 친 부분들이 말해주고 있다. 밑줄 친 부분들만을 엮어서 정리하면 다음과 같이 된다.

"우리…… 국회의원은 대한독립민주정부를 재건설하려는 것입니다. ……이 민국은 기미 3월 1일 우리 13도 대표들이 서울에 모여서 국민대회를 열고 대한독립민주국임을 세계에 공포하고 임시정부를 건설한 것입니다. 불행히 세계 대세로 인해 우리 혁명이 그때에 성공하지 못했으나 이 정신만을 지켜온 것입니다. 오늘 여기서 열리는 국회는 국민대회의 계승이요, 이 국회에서 건설되는 정부는 기미년에 서울에서 수립된 민국임시정부의 계승이니 이날이 29년 만에 민국의 부활일임을 우리는 이에 공포하는 바입니다."

정리된 내용을 통해 명확하게 알 수 있는 이 박사의 취지는 △3·1운동에서 대한독립민주국의 건국이 선포되었으나 임시정부만 만들고 실패했고, △이 국회에서 건설되는 정부는 기미년에 선포한 민주독립국을 건립하려다 실패한 임시정부의 독립정신을 계승하여 대한민주독립국정부를 재건설하는 것이며, △이러한 일들은 29년 만의 민국의 부활을 뜻한다는 것이다.

여기서 확인되는 것은 건국헌법 제정 당시 대한민주독립국은 존재하지 않았으며, 국회에서 건설되는 대한민국

정부는 '탄생'·'건설'되는 것인 동시에 '재건설'·'부활'한 것이기도 하다는 점이다. 대한민주독립국 정부가 '탄생'·'건설'된다는 것은 대한민국이라는 국가나 그 국가의 정부가 존재하지 않았으니 새로 만들어진다는 뜻이고, 대한민주독립국정부의 '재건설'이나 '민국의 부활'은 3·1운동의 대한민국독립국 건립 정신을 계승하여 그때 이루려다 실패한 민국 건립을 다시 실행하게 되었다는 뜻이다.

대한민국은 정치·법률적으로는 새로 건국되고, 이념적으로는 부활한 것

이 대통령의 이러한 생각은 건국헌법 공포 1개월 후에 있었던 1948년 8월 15일의 정부수립기념식에서 발표된 이 대통령의 기념연설에서도 그대로 나타난다. 이 연설에서 이 대통령이 밝힌 대한민국 건국과 관련된 표현들은 다음과 같다.

"8월 15일 오늘에 거행하는 이 식은 우리의 해방을 기념하는 동시에 우리 민국이 새로 탄생한 것을 겸하는 것입니다. 이날 동양의 한 고대국인 대한민국정부가 회복되어서 40여 년을 두고 바라며 꿈꾸며 투쟁하여온 사실이 실현된 것입니다."

……

"이 건국 기초에 요소될 만한 몇 조건을 간단히 말하려 하니, 1, 민주주의를 전적으로 믿어야 될 것입니다."

……

"이 새로 건설되는 대한민주국이 세계 모든 나라 중……"

이 표현들을 요약 정리하면 '대한민국이 1948년 8월 15일 새로 탄생·건국했으며 이는 '동양의 고대국인 대한민국정부가 회복된 것'이 된다. 이 대통령의 이런 취지의 발언은 이 박사가 국회의장 취임사에서 한 말, 그리고 건국헌법 전문의 문제 구절과 맥을 같이하는 것이다.

이 대통령의 건국에 대한 이런 생각은 그 후에 있은 이 대통령의 다른 담화를 보면 더욱 선명해진다. 이 대통령은 1949년 1월 1일 대통령의 신년사에서 다음과 같이 말했다.

"잃었던 나라를 찾았으며 죽었던 민족이 살아났으니 새해부터는 우리가 보다 새 백성이 되어 새 나라를 만들어가지고 새로운 복을 누리도록 합시다. ……기미년에 우리가 많은 피를 흘려서 대한독립민주국을 세상에 반포하여 민주정체의 토대를 세운 것이 지금에 우리 민주정부로 세계의 축복을 받게 된 것이니 우리 민족의 자유복락과 우리 민국의 자주독립이 이 결과입니다."

여기서 유의해야 할 표현은 '잃었던 나라를 찾았으며 죽었던 민족이 살아났으니'라는 대목과 '기미년에 우리가 많은 피를 흘려서 대한독립민주국을 세상에 반포하여 민주정체의 토대를 세운 것'이라는 대목이다. 이 두 대목은 1948년 이전에는 우리 민족은 나라가 없는 죽은 상태였고, 3·1운동으로 이루어진 것은 민주정체의 토대를 세운 것이지 국가를 세운 것이 아니라는 이 대통령의 인식을 잘 나타내준다.

이 대통령은 건국헌법의 문제 구절의 보다 상세한 버전을 1949년 3월 1일의 3·1운동 기념사에서 발표했다. 3·1운동 기념사에 들어 있는 해당 내용은 다음과 같다.

"이 운동이 오늘로 바로 30주년이 된 것입니다. 금년 이 경축이 특별한 의미를 포함하게 된 것은 대한민국이 설립된 이후 처음으로 이날을 경축하게 된 까닭입니다. 대한민국이 탄생한 것, 바로 말하자면 대한민국이 다시 탄생한 것은 연합국에게 우리가 빚을 진 것이요, 특별히 미국에 빚을 진 것입니다. ……30년 전 오늘에 13도 대표인 33인이 비밀히 모여서 독립을 선언하고 대한민주국의 조직을 세계에 공포하였던 것입니다. ……우리가 지금 건설하는 민주국은 탄생한 지 아직 1년이 못 되었으나 사실은 30세의 생일을 맞이하게 된 것입니다. 그러므로 이 민주국은 해방 후 미군정의 힘으로 성립된 것이 아닙니다. 우리는 오직 미국이 모든 방면으로 우리 독립을 위해서 노력한 것을 기념하는 동시에 우리 민중이 미국의 민주주의를 사랑해서 마음속에 이미 민주정부를 설립한 지가 오래되었던 것입니다."

위 인용문 가운데 밑줄 친 부분에서 거듭 강조되고 있는 것은 '대한민국은 새로 탄생한 것인 동시에 다시 태어난 것'이라는 점이다. 이 표현은 대한민국은 정치적·법률적으로는 1948년에 새로 탄생한 것이지만, 민주독립국의 건립이라는 이념 및 염원의 측면에서는 1919년 3·1운동에서 하려다 실패했던 것이 부활한 것이라는 뜻이다.

건국헌법 전문에 들어 있는 논란 대상 구절 "기미 삼일운동으로 대한민국을 건립하여 세계에 선포한 위대한 독립정신을 계승하여 이제 민주독립국가를 재건함"의 참 뜻을 건국헌법 제정 전에 발표된 국회의장 취임사의 건국 관련 내용과, 건국헌법 제정 후에 발표된 이 대통령의 건국 관련 발언, 특히 3·1운동 기념사에 들어 있는 건국 관련 내용에 비추어서 맥락에 부합하게 해석하면 다음과 같이 된다. ①1948년 8월 15일 이전에는 우리 민족의 국가가 없었다. ②대한민국은 정치적·법률적으로 1948년 8월 15일에 새로 건국되었다. ③대한민국의 건국은 이념 및 염원의 면에서는 3·1운동에서 선포했으나 임시정부만 수립하고 실패했던 대한민국 건립의 부활이다.

따라서 건국헌법 전문 문제 구절의 '재건'은 존재했었던 국가의 복원도 아니며, 더구나 존재하고 있는 국가의 보완건축은 더욱 아니다. 문제 구절의 '재건'은 건설하려다 실패했던 것을 다시 건설하는 것이며, 존재하지 않는 것의 '부활이요 재탄생'이다. 이렇게 볼 때 건국헌법 전문의 문제 구절의 '재건'은 1919년부터 1945년 11월까지 중국에 존재했던 대한민국임시정부의 재건을 의미하지 않으며, 대한민국의 건국이 1948년이 아닌 1919년에 이루어졌다는 주장의 근거가 될 수 없다.

'민국' 연호 사용 취지의 왜곡

이 대통령이 '민국' 연호를 사용한 것도 1919년 대한민국 건국을 주장하는 논거가 될 수 없었다. 이 대통령이 1919년 대한민국 건국을 인정해서 민국 연호를 사용한 것이 아니기 때문이다. 이 대통령이 민국 연호를 사용한 취지는 두 개의 담화에 들어 있다. 하나는 이승만 박사가 1948년 5월 국회의장에 당선된 직후 발표한 국회의장 취임사이고, 다른 하나는 1948년 9월 국회가 이 대통령의 주장을 꺾고 단기(檀紀) 연호를 사용하기로 하는 연호법을 통과시키자, 그 연호법을 수용하여 공포하면서 발표한 이 대통령의 담화이다.

국회의장 취임사에서 천명한 민국연호 사용 관련 이 박사의 발언은 다음과 같다.

이 국회에서 건설되는 정부는 즉 기미년에 서울에서 수립된 민국임시정부의 계승이니 이날이 29년 만에 민국의 부활일임을 우리는 이에 공포하며 민국 연호는 기미년에서 기산할 것이오. 이 국회는 전 민족을 대표한 국회이며 이 국회에서 탄생되는 민국정부는 완전한 한국전체를 대표하는 중앙정부임을 또한 공포하는 바입니다.

이 발언의 취지는 대한민국이 1919년 서울에서 수립된 한성임시정부를 계승한 것이며, 그것의 부활이므로 대한민국의 연호를 1919년부터 기산한다는 것이다. 대한민국이 1919년에 건국되었기 때문에 1919년을 기산 연도로 하는 민국 연호를 사용한다는 뜻이 아니다.

단기 연호법을 공포하면서 발표한 이승만 대통령의 민국 연호 관련 담화의 내용은 다음과 같다.

"내가 지금까지 대한민국 기원을 사용하기로 주장해온 것은 두 가지 이유가 있으니, 첫째는 민국이라는 명칭에서 표시되는 민주정치제도를 우리는 이제 와서 남의 조력으로 수립한 것이 아니라 벌써 30년 전에 기미독립운동으로 민국정부를 수립하여 세계에 선포하였다는 위대한 민주주의를 자유로 수립한 정신을 숭상하기 때문이요. 또 한 가지 이유는 우리나라 건국의 역사가 유구하여 외국에 자랑할 만한 전통을 이룬 것은 사실이지만 4, 5천 년 전의 신화시대까지 소급하여 연대를 계산하는 것은 근대에 와서 우리가 광영될 사적이 없다는 것을 인정하는 것으로 알게 되는 까닭이다. 우리가 기미년 독립을 선언한 것이 미국이 1776년에 독립을 선언한 것보다도 영광스러운 역사인 만큼 이것을 삭제하고 상고적 역사만을 주장한다는 것은 나로서는 충분한 각오가 못 되는 바다."

이 발언의 취지는 이 대통령이 민국 연호를 사용한 것은 우리 민족이 민주주의를 자주적으로 채택했음을 과시하고, '미국의 독립선언보다 더 영광스러운' 3·1운동의 정신을 기리기 위해서였다는 것이다. 이 대통령은 실제로 3·1독립선언을 미국의 독립선언에 못지않은 고귀한 사건으로 생각했다. 3·1운동을 높이 평가하는 이 대통령의 생각은 1949년 3·1운동 기념식 식사에서 확인된다.

"30년 전 오늘에 13도 대표인 33인이 비밀히 모여서 독립
을 선언하고 대한민주독립국의 조직을 세계에 공포하였던
것입니다. 우리 선열들이 용감스럽게 이 일을 행한 환경이
그때부터 1백40여 년 전에 미국독립선언을 서명하였던 그
때의 형편만 못지않게 어려웠던 것입니다. 그러나 자유와
독립을 사랑하는 정신은 어데서나 한정이 없는 것입니다.
1776년에 미국독립의 시조들을 감흥시킨 그 정신이 1919년
에 우리 독립운동의 선열들을 감흥시켰던 것입니다."

이 대통령의 민국 연호 사용을 1919년 대한민국 건국
주장의 논거로 삼는 사람들은 그에 관한 이 대통령 자신의
설명이나, 3·1운동에 대한 이 대통령의 높은 평가를 들어
보지도 않은 채, 떠드는 사람들이다.

한편, 대한민국 국회는 이승만의 주장에 따라 민국 연호
가 인쇄된 관보 1호가 발행된 지 10일 만인 1948년 9월 11
일 연호법을 제정하여 단기 연호를 사용하도록 했다. 국회
가 이승만의 민국 연호 사용을 금지시킨 것이다.

이 대통령은 1948년 8월 15일 이후 대한민국이 1948년 8월 15일에 새로 건국되었음을 함의하는 담화나 조치들을 수없이 많이 발표했다. 1919년 건국설을 주장하는 사람들은 이 대통령의 그런 담화나 조치들은 모조리 무시하고, 이 박사의 주장에 따라 이루어진 건국헌법 전문의 문제 구절과 이 박사의 민국 연호 사용만을 자기들의 주장의 논거로 선택했다. 전문의 문제 구절은 맥락을 무시한 채 글자의 뜻만을 왜곡 해석하여 논거로 삼았다. 또한 이 대통령이 민국 연호를 사용했던 취지도 모르고, 국회가 이승만의 민국 연호 사용을 금지시킨 사실도 외면한 채 이승만의 민국 연호 사용을 1919년 대한민국 건국설의 논거로 삼고 있다. 이는 학문적으로는 말할 것도 없고 도덕적으로도 비판받아야 할 부끄러운 짓이다.

신뢰도 높은 사료는 외면하고
신뢰도 낮은 사료만을 근거로 삼다

둘째, 1919년 건국을 주장하는 자들은 신뢰도 높은 사료와 신뢰도가 빈약한 사료의 내용이 경합할 때는 신뢰도 높은 사료의 내용을 채택한다는 원칙을 위반했다.

백 보를 양보하여 건국헌법 전문의 문제 구절의 의미가 1919년 대한민국 건국설 주장자들이 해석하는 바와 동일하고, 이 박사의 민국 연호 사용 취지가 그들이 해석한 바와 동일한 것으로 간주한다 하더라도, 그것을 근거로 해서 1919년 대한민국 건국을 주장하는 것은 이 글의 서두에서 언급한 역사 연구·서술의 기본원칙 중 두 번째 원칙을 위반하는 오류를 범하는 것이다.

상해임시정부의 수립이 대한민국의 건국인지 여부를 판단하는 데 도움이 되는 수많은 신뢰도 높은 사료들을 외면하고, 그러한 판단을 하는데 근거로 삼기에는 신뢰도가 낮은 건국헌법 전문의 한 구절과 이 박사의 민국 연호 사용이라는 사료를 논거로 삼은 것은, 신뢰도 높은 사료와 신뢰도가 빈약한 사료의 내용이 경합할 때는 신뢰도 높은 사료의 내용을 채택한다는 원칙을 위반한 것이다.

건국헌법 전문의 문제 구절은 1919년 임정수립이 대한민국의 건국인지 여부를 판정하는 근거로서는 신뢰도 낮은 사료이다. 그 이유는 문제의 구절이 임시정부 수립이 대한민국 건국인지 여부를 주제로 삼는 사료가 아니기 때문이다. 그것은 대한민국 건국이 3·1운동에서 확인된 독립정신을 계승한 것임을 천명하는 과정에서 '대한민국의 건립과 민주독립국의 재건'을 슬쩍 언급한 것에 불과하다.

이 대통령의 민국 연호 사용이 신뢰도 낮은 사료인 것은 1919년에서 기산하는 민국 연호 사용은 대한민국 건국 시점을 말해주는 객관적 근거가 못 되기 때문이다. 연호는 국가의 건국과 무관하게 사용할 수도 있는 것이다.

임시정부는 1919년 상해임시정부 수립이 대한민국의 건국인지 여부를 판단하는 데 도움이 되는 신뢰도 높은 자료들을 매우 많이 생산했다. 우선 임시정부의 임시헌법만 해도 제6차 헌법까지 있다. 임시정부의 헌법들은 모두 다 임시헌법·임시헌장·임시약헌으로 호칭되었다. '임시' 헌법이라는 명칭 자체가 임시정부는 국가가 아니라는 점을 분명히 하고 있다. 임시정부 수립이 건국이려면, 헌법부터가 '정식' 헌법이어야지 '임시' 헌법이어서는 안 된다. 지구상의 어느 입헌국가도 '임시' 헌법에 근거하여 건국된 국가는 없다. '임시' 헌법에 근거하여 건립된 결사는 '임시정부'일 뿐이다. 또한 임시정부의 임시헌법들은 임시헌법 및 임시정부의 효력이 조국 광복 후 1년 내에 끝난다는 점을 밝힘으로써, 임시정부는 국가가 아니고, 새로운 국가가 건국될 때까지만 활동하는 한시적인 건국 준비 조직임을 밝히고 있다.

뿐만 아니라, 1940년에 공포된 임시정부의 제5차 헌법과 1944년에 공포된 임시정부의 제6차 헌법은 국무위원회의 직권으로 '건국방안' 또는 '건국의 방책'의 의결을 명시하여(제5차 헌법 제26조, 제6차 헌법 제30조) '건국'이 미래의 일임(임시정부 수립이 건국이 아님)을 명료하게 확인해주었다.

임시정부가 제작한 사료들 가운데서 임시정부의 수립이 국가의 건국인지 여부를 판가름하는 데 신뢰도가 가장 높은 사료는 건국강령이다.

건국강령은 1941년 11월 대한민국 임시정부가 향후 독립운동과 건국과정에서 실천해야 할 중요한 정책 대강을 천명한 문서이다. 이 문서는 임시정부가 건국의 문제를 정면으로 직접 다룬 문서이기 때문에 임시정부 수립이 국가의 건국인지 여부를 판단하는 데 신뢰도가 가장 높은 사료이다. 건국강령은 임시정부의 활동시기를 복국기(復國期)와 건국기(建國期)로 나누고 그것을 다음과 같이 설명했다.

임시정부의 건국강령. 중국에서 활동하던 대한민국 임시정부는 1941년 11월 건국강령을 발표했다. 건국강령은 향후 건국과정에서 임시정부가 실천해야 할 중요한 정책 대강을 천명한 문서이다. 건국강령은 임시정부의 활동시기를 외국에서 독립운동을 하는 시기를 복국기(復國期)로, 조국의 영토에 들어가서 활동하는 시기를 건국기(建國期)로 규정하고, 건국강령 발표 당시 임시정부의 활동은 복국기 활동으로 정의했다. 이는 임시정부가 건국을 미래의 과제로 설정하고 있음을 말해준다.

"독립을 선포하고 국호를 일정히 하여 행사하고 임시정부와 임시의정원을 세워서 임시약법(臨時約法)과 기타 법규를 반포하고…… 적에 대한 혈전을 정부로써 지속하는 시기가 복국의 제1기. 일부 국토를 회복하고 당·정·군의 기구가 국내로 옮기어 국제적 지위를 본질적으로 취득함에 충족한 조건이 성숙한 시기가 복국 제2기. 국토와 인민과 정치·경제와 교육과 문화 등을 완전히 탈환하고 평등지위와 자유의지로써 각국 정부와 조약을 체결하는 시기가 복국의 완성기이다. 적의 통치기구를 완전히 박멸하고 국토를 완전회복하고 중앙정부와 중앙의회의 정식활동으로 주권을 행사하며 선거와 입법과 임관과 군사와 외교와 결제 등에 관한 국가의 정령이 자유로 행사되어 삼균제도의 정책을 실행하기 시작하는 시기를 건국 제1기, 삼균제도를 골자로 한 헌법을 실시하여 정치와 경제와 교육의 균형을 도모하며 전국의 토지와 대생산기관의 국유가 완성되고 전국 학령아동의 전수가 고급교육의 면비수학이 완성되고 보통선거제가 구속 없이 완전히 실시되는 시기가 건국 제2기, 건국에 관한 모든 기초적 시설, 즉 군사·교육·행정·생산·위생·경찰·농·공·상·외교 등 방면의 건설기구와 성적이 예정계획의 과반이 성취되는 시기가 건국 완성기이다."

건국강령의 설명에 따르면, 임시정부가 활동하던 당시의 독립운동 단계는 복국 제1기에 해당하고, 건국은 미래의 과제이다. 따라서 임시정부는 '건국된 국가가 아니라' 건국의 전 단계인 복국단계에서 활동하는 복국운동결사인 것이다.

김구 주석의 성명. 중국에서 임시정부를 이끌고 있던 김구 선생은 해방 직후인 1945년 9월 3일 향후 임시정부의 활동방향을 설명하기 위해 「국내외 동포에게 고함」이라는 제목의 성명을 발표했다. 이 성명은 "우리가 처한 현 단계는 건국의 시기로 들어가려는 과도적 단계이다"라고 말하여 임시정부 수립은 건국이 아니고, 건국은 앞으로 진행될 사업임을 명확하게 말해주었다.

임시정부 수립이 건국이 아니며 임시정부가 국가가 아니라는 점은 임시정부가 미국과 중국을 상대로 '승인' 요청을 한 기록에서도 극명하게 드러난다. 임시정부는 미국과 중국을 상대로 자기들을 '임시정부'로 승인해달라고 거듭 요청했다. 그러나 미국과 중국은 우리 민족의 독립운

건국실천원양성소 수료식. 김구 임시정부 주석은 1947년 3월 서울 원효로에 건국을 위해 일할 인재들을 양성하기 위해 건국실천원양성소를 설립했다. 사진은 건국실천원양성소의 교육과정을 수료한 활동가들의 수료기념 단체사진이다. 김구 주석이 건국실천원양성소를 1947년에 설립했다는 것은 그때까지도 건국이 이뤄지지 않았다(따라서 1919년에 건국되지 않았다)고 생각하고 있었음을 시사한다.

동에 동정적인 태도를 가지고 있었는데도 임시정부로 승인해주지 않았다. 국제법상 임시정부로 승인받을 수 있는 조건을 갖추고 있지 못했기 때문이다. 국제법상 임시정부로도 승인받지 못한 결사를 결성한 것을 국가건립이라고 주장한다는 것은 억지라도 보통 심한 억지가 아니다.

김구 임시정부 주석은 1945년 9월 3일에 발표한 「국내외 동포에 고함」이란 제목의 성명문에서 1945년 9월 현재의 민족운동 단계를 명료하게 규정했다. 성명은 "우리가 처한 현 단계는 건국강령에서 명시한 바와 같이 건국의 시기로 들어가려는 과도적 단계이다. 다시 말하면 복국임무를 아직 완전히 끝내지 못하고 건국의 초기가 개시되려는 계단이다"라고 말했다.

건국에 관한 임정의 입장과 임정의 성격이 이러했기 때문에 임정 지도자들도 귀국 후 전개한 자신들의 활동을 '건국'활동으로 표현했다. 예를 들면, 임정 부주석이었던 김규식 박사는 1946년 12월 자신이 의장으로 있는 남조선 과도입법의원 창설기념식 참석 초청장을 보내면서 당시 정치활동가들을 '건국도상에 다망하신' 분들이라고 표현했다. 이런 표현은 김규식 부주석이 당시의 정치활동을 건국활동으로 보고 있음(즉 상해임시정부의 수립이 건국이 아니라고 생각하고 있음)을 확인해준다. 임정의 주석 김구 선생도 1947년 서울 원효로에 국가 건립 활동에 참여할 인재들을 양성하기 위해 '건국실천원양성소'를 설립했다. 건국실천원양성소라는 명칭은 김구 주석이 건국을 1947년 현재 실천 중인 사업으로 생각하고 있음(상해임시정부 수립이 건국이 아니라고 생각하고 있음)을 확인해준다.

이처럼 임시정부가 생산해낸 모든 신뢰도 높은 사료들은 상해임시정부는 국가가 아니고, 임시정부 수립은 건국이 아니라는 점을 명료하게 입증해주고 있으며, 상해임정 지도자들의 언동은 상해임정 수립은 건국이 아니며 1946년 12월 및 1947년 3월 시점에도 아직 건국은 미래에 이루어질 사건으로 생각하고 있었음을 명료하게 확인해주고 있다. 그런데도 1919년 건국론자들은 그런 신뢰도 높은 사료들이나, 그들이 존경해 마지않는 임정지도자들의 언동을 전부 깔아뭉개고, 그들이 비난하고 경멸하는 이 대통령이 주도하여 삽입된 건국헌법 전문의 문제 구절과 이 대통령의 민국 연호 사용이라는 신뢰도가 극히 낮은 사료에만 의존하여 자기들의 주장을 고집하고 있다. 그들의 학문하는 자세의 기본과 도덕성이 의심스럽다.

건국준비기구 설립을 건국으로 왜곡

1919년 건국설 주장자들 가운데 다소 계몽된 일부는 임시정부를 국가로 간주하지는 않지만, 대한민국이라는 국가의 기원이 임시정부에서 비롯되었고, 대한민국이 임시정부의 법통을 계승한다고 헌법에 천명되어 있으니 임시정부 수립을 대한민국 건국으로 봐야 한다고 주장한다.

임시정부가 대한민국의 기원이라는 점은 임시정부가 1945년 11월 귀국할 때 임시정부의 자격을 포기했다는 사실과, 임시정부 간판을 붙들고 다니던 김구 임정 주석과 그 추종자들이 1948년 1월부터 대한민국 건국을 격렬하게 반대한 사실로 인해서 상당히 애매해졌다. 실제대로 말하자면, 임시정부와 대한민국 간의 조직적 차원의 연결 관계는 그때 소멸되었다.

사실이 그러했다 하더라도, 대한민국이 임시정부와 동일하게 3·1운동의 독립정신을 계승했다는 사실과 임시정부에 참여했던 인사들의 다수가 대한민국에 참여했다는 사실을 존중하고, 대한민국이 임시정부의 독립운동을 존중한다는 관점에서 넓게 생각하여 임시정부가 대한민국의 기원이라는 점을 인정할 수 있다. 대한민국이 임시정부의 법통을 계승했다는 점도 대한민국의 통치이념이 임시정부의 통치이념과 상통하고 있기 때문에 의미를 제한하여 인정할 수 있다.

그러나 그런 점들을 인정한다 하더라도, 대한민국의 건국일이 1919년 상해임시정부 수립일이라는 주장은 수용할 수 없다. 왜냐하면 그러한 주장은 학문적 이치는 물론이고 상식마저 파괴하는 억지이기 때문이다.

상해임시정부를 대한민국의 기원으로 인정하게 되면, 상해임시정부는 대한민국 건국을 위한 준비기구가 된다. 건국준비기구의 수립은 국가의 건립과는 판이한 것이다. 건국준비기구는 국가를 구성하는 필수 요소들을 하나도 갖추지 않고도 수립될 수 있지만 건국은 국가 구성 필수 요소들 가운데 하나라도 갖추지 못하면 이루어질 수 없다.

게다가 건국준비기구 구성과 국가의 건립 사이에는 매우 복잡한 중간과정이 있고, 그 중간과정에서 여러 가지 변수가 작용하여 건국준비기구가 건국으로 연결되지 못한 경우가 허다하다. 인류역사상 건국준비기구를 만들었으나 국가를 건국하지 못하고 해산된 사례는 수도 없이 많을 것이다. 상해임시정부만 하더라도 대한민국을 건국하려는 준비기구였지만, 1945년 11월 귀국할 때 임시정부 자격을 포기했으므로 건국으로 연결되지 못하고 해산된 사례에 해당된다.

건국준비기구와 건국 간의 이러한 관계는 정당의 창당 준비기구와 정당 창당 간의 관계나 공공 건축물의 건립추진위원회와 건축물 건립 간의 관계를 생각해보면 더욱 쉽게 이해될 수 있다. 창당준비기구 결성과 창당의 중간에는 매우 복잡한 중간과정과 변수의 작용이 있어서, 그 변수들의 작용 여하에 따라 창당준비기구는 창당으로 귀결될 수도 있고 그렇지 못할 수도 있다. 민주국가들의 정당사를 보면 창당준비기구가 만들어졌으나 끝내 창당으로 연결되지 못한 사례가 만만찮게 많을 것이다. 공공 건축물의 건립추진위원회의 결성과 건축물의 건립 사이에도 복잡한 중간과정과 변수의 작용이 있어서, 그것들의 작용에 따라 건축물이 건립될 수도 있고 좌절될 수도 있다.

건국준비기구와 건국 간에 필연적인 연결 관계가 존재한다 하더라도 양자 사이에 매우 복잡하고 긴 중간과정이 존재하기 때문에 건국준비기구의 구성을 건국 그 자체라고 주장하는 것은 큰 잘못이다. 하물며, 건국준비기구 구성과 건국 사이에 필연적 연결 관계가 있지도 않은 터에 건국준비기구 구성을 건국으로 주장한다는 것은 억지가 아닐 수 없다.

임시정부가 대한민국의 기원이라 인정하더라도, 1919년의 임시정부 수립을 대한민국의 건국이라고 주장하는 것은, 다시 비유하자면, 정당을 창당하기 위해 만든 정당 창당준비위원회 구성을 정당의 창당이라고 우겨대는 것과 같은 억지이고, 건물의 건립추진위원회 결성을 그 건물의 건립이라고 우겨대는 것과 같은 억지다.

정당의 창당준비위원회는 정당의 기원이지만, 창당준비위원회의 결성과 창당은 별개의 사건이며, 건물의 건립추진위원회는 건물의 기원이지만 건립추진위원회의 결성은 건물의 건립과는 별개의 사건이다. 마찬가지로 임시정부를 대한민국의 기원으로 인정한다 하더라도 임시정부의 수립과 대한민국의 건국은 별개의 사건이다.

한편, 대한민국이 1919년에 건국되었다고 주장하는 사람들 가운데는 대한민국이 1948년에 건국된 것으로 하면 국제법상 이러저러한 불이익이 초래되므로 1919년에 건국된 것으로 해야 한다고 주장하는 사람들이 있다. 이런 주장은 국가의 건국일을 우리 마음대로 조작할 수 있는 사항으로 착각하는 우를 범하는 것이다. 현대 문명사회에서는 어린애의 출생일자도 조작하기 어려운데, 세계가 다 지켜보는 가운데 공개적으로 이루어지는 국가의 건국일자를 우리 뜻대로 조작할 수 있다고 생각하는 그들의 어리석음이 놀랍다.

세계만방이 지켜보는 가운데 1948년 8월 15일에 대한민국이 건국되었는데, 대한민국이 그렇게 건국된 사실을 유엔총회가 승인하기까지 했는데 그런 객관적 사실을 무시하고 이러저러한 국제법적 이익을 노려서 건국연도를 1919년으로 조작하는 것이 가능할까? 백 보를 양보하여 그런 조작이 가능하다 하더라도 훗날 그런 조작된 건국일이 국제법정에서 정당성을 인정받을 수 있을까? 만일 국가 간의 이익과 관련되어 대한민국의 건국일이 국제법적 쟁점이 될 경우에는 대한민국 건국연도를 1919년으로 주장하는 것은 국제사회에서 인정받을 가능성이 전무하다. 1930~40년대에 임시정부가 미국과 중국에 임시정부 승인을 애걸했으나 그들로부터 승인받지 못했던 전력이 있는데, 그런 임시정부 수립이 국가의 건국이었다고 주장하면 어느 바보가 그것을 인정해줄 것인가? 국제사회는 우리 마음대로 조작한 가짜 건국연도를 진정한 건국연도로 인정해줄 바보들의 집합이 아니다.

한 번 더 백 보를 양보하여, 국제사회가 바보들의 집합이어서 우리가 조작한 그것을 인정해준다 치자. 그렇다고 해서 대한민국이 어떤 이익을 노려서 국가 차원에서 그런 사기행위를 자행하는 것은 도덕적으로 용납할 수 없는 일이다. 사기를 막기 위한 존재인 국가가 건국연도를 조작하는 사기를 친다는 것은 말이 안 된다.

국제법적 이익을 확보하기 위해 대한민국의 건국연도를 1919년으로 정하자는 것은 마치 병역기피를 위해 개인의 생년월일을 조작하자고 주장하는 것과 같은 범죄적이고 추한 주장이다.

대한민국과 임시정부의 관계

이승만은 임정계승 주장, 김구는 반대

대한민국이 임시정부를 계승했는지에 관한 논쟁은 대한
민국의 건국시점부터 시작하여 오늘날까지 지속되고 있
다. 이 논쟁은 대한민국 건국의 주역인 이승만과 임시정
부의 상징과 같은 존재로서 대한민국 건국에 대해 매우
완강하게 반대했던 김구 사이에서 시작되었다. 이승만은
1948년 5월 31일 제헌의회의 의장에 선출된 직후 인사말
을 통해 다음과 같이 말했다.

"이 민국은 기미년에 우리 13도 대표들이 서울에 모여서 국민대회를 열고 대한독립민주국임을 세계에 공포하고 임시정부를 건설하여 민주주의 기초를 세운 것이다. ⋯⋯오늘 여기에서 열리는 국회는 즉 국민대회의 계승이요, 이 국회에서 건설되는 정부는 즉 기미년에 서울에서 수립된 민국임시정부의 계승이니 이날이 29년 만의 민국의 부활임을 우리는 이에 공포하여 민국 연호는 기미년에서 기산할 것이요."

이승만은 5·10총선에 의해 수립된 정부가 임정의 법통을 계승한 전 민족의 대표적 정부임을 주장한 것이다. 남한에서 자유총선에 의해 정부가 수립되면 그 정부는 임시정부를 계승하는 것이라는 이승만의 입장은 5·10선거가 실시되기 오래전부터 천명되었다.

이승만은 1948년 3월 1일 서울운동장에서 개최된 '중앙정부수립안결정 축하 국민대회'에서 행한 연설에서 유엔결의에 따라 수립될 정부는 "비폭력주의로 궐기한 29년 전의 3월 1일에 성립한 대한임정을 계속하는 것"이라고 천명했었다. 또한 임시정부확대를 통한 정부수립추진 문제를 둘러싸고 우익진영 내에서 의견대립이 심각하게 전개되고 있던 때인 1947년 5월에도 "임정법통관계를 지금 문제 삼지 말고 아직 잠복한 상태로 계속하였다가 정식정부가 성립된 후에 의정원과 임정의 법통을 정당히 전임시킬 것"을 천명했었다.

이승만이 이처럼 일관된 소신으로서 대한민국이 임시정부를 계승했다는 입장을 취한 데 대해 해방정국에서 임시정부의 상징으로 활동해온 김구는 정반대되는 입장을 취했다. 김구는 1948년 6월 7일 기자회견에서 "현재 국회의 형태로서는 대한민국임시정부의 법통을 계승하는 아무 조건도 없다고 본다"고 말하여 이승만의 임정계승론을 정면으로 반박했다. 김구는 이처럼 대한민국이 임시정부의 법통을 계승하지 않은 것이라고 생각했기 때문에, 대한민국의 건국에 대해 "비분과 실망이 있을 뿐이다. ……새로운 결심과 용기를 가지고…… 강력한 통일운동을 추진해야 되겠다"고 부정적으로 논평했다.

5·10선거에 반대했던 많은 정치인들이 대한민국 건국후 대한민국의 정당성을 인정하는 쪽으로 입장을 변경한 후에도 김구는 1949년 사망할 때까지 대한민국의 정당성

을 부정하고 대한민국이 임시정부를 계승하지 않았다는 입장을 견지했다.

대한민국이 임시정부를 계승한 것인지 여부를 둘러싼 이승만과 김구의 이러한 입장대립은 그 후 그 두 지도자의 정치적 후계자들에 의해 지속되었다.

이승만은 대한민국 임시정부의 초대 임시 대통령이었고, 1947년 3월 임시정부 개편 때 임시정부의 주석으로 추대되었다. 이승만은 또한 대한민국 건국을 주도한 지도자였다. 김구는 1920년대 중반부터 임시정부를 사실상 주도해왔으며 대한민국 건국에 반대한 최고 지도자였다. 그 두 지도자의 정치사적 비중이 대등한 데 더하여 두 지도자를 추앙하는 사람들도 매우 많다. 두 사람의 그러한 무게 때문에 대한민국과 임시정부의 관계에 대한 그들의 상반된 주장이 대한민국 사회에서 오랫동안 영향을 미치도록 만들었다.

대한민국의 임시정부 계승에 대한 이러한 논쟁은 1987년에 개정된 현행 대한민국 헌법이 전문에서 "우리 대한민국은 3·1운동으로 건립된 대한민국임시정부의 법통……을 계승"했다고 선언함으로써 정치적으로는 일단락되었다고 말할 수 있다. 대한민국의 헌법이 임시정부의 법통을 계승했다고 선언한 이상, 그리고 그것에 대해 국민이 합의한 이상 그 문제는 대한민국에서는 더 이상 정치적 논쟁의 대상이 될 수 없다.

그런데도 아직까지 우리나라의 일부 지식인과 정치인 가운데는 대한민국이 임시정부를 계승하지 않았다는 주장을 버리지 않은 사람들이 있다. 그들은 본격적인 학술논문을 통해서는 그런 견해를 천명하지 않지만 각급학교 학교 강의에서나 인터넷의 정치평론 등을 통해 그런 주장을 하고 있다. 예를 들면, 한홍구(성공회대학 교수)는 한 인터넷 블로그에 올려진 정치평론에서 다음과 같이 주장했다.

"1980년대 후반 이래 민족해방사와 현대사를 전공하는 역사학자들 중 대한민국 정부가 임시정부의 법통을 계승했다고 주장하는 사람은 별로 없다. 한마디로 쑥스럽기 때문이다. ……대한민국 임시정부로부터 인물의 계승은 물론이고 정책의 계승도 하지 못한 것이다. ……1948년에 수립된 단독정부로서의 대한민국 정부가 실제로 계승한 것은 임시정부가 아니라 임시정부를 철저히 부정했던 미군정이

었다."〈http://blog.paran.com/innermost/807406〉

한편, 대한민국이 임시정부를 계승했다는 주장은 학문영역에서건 비학문영역에서건 심도 있게 전개되지 않았다(필자가 아직 발견하지 못했다고 말하는 것이 타당한 표현일지도 모른다). 대한민국이 임시정부를 계승했다고 주장하는 학자들의 경우 대부분 임시정부의 헌법이 대한민국 헌법에 계승되었다는 점만을 말하며, 그나마도 임시정부의 헌법 내용이 대한민국 헌법에 얼마만큼 계승되었는지를 구체적으로 기술하지 않는다. 대한민국이 임시정부를 계승했다고 주장하는 대부분의 정치인들은 '대한민국이 임시정부를 계승했다'는 짧은 문장만 반복해서 말할 뿐 그런 주장을 밑받침하는 논거는 제시하지 않는다.

이 글은 대한민국이 임시정부를 계승했는지 여부를 좀 더 객관적으로 따져보기 위해 작성된 것이다.

대한민국이 임시정부를 계승한 것인지 여부는 두 가지 기준에서 판단할 수 있다. 하나의 기준은 통치이념의 동질성 여부다. 통치이념 면에서 대한민국의 통치이념과 임시정부의 통치이념이 동일하거나 유사하다면 대한민국은 통치이념 면에서 임시정부를 계승한 것이라고 말할 수 있다. 다른 하나의 기준은 인적 구성의 동질성 여부이다. 인적 구성 면에서 임시정부 구성원들의 전부 혹은 다수가 대한민국 정부 및 의회에 참여했다면 대한민국은 인적 구성 면에서 임시정부를 계승한 것이라고 말할 수 있다.

임시정부의 통치이념

임시정부의 통치이념은 임시정부가 제정·개정한 일련의 '대한민국임시헌법'과 임시정부가 선포한 '대한민국건국강령'에 내포되어 있다.

임시정부의 헌법은 5회에 걸쳐 개정되었다. 헌법이 제정되거나 개정될 때마다 그 명칭이 임시헌장, 임시헌법, 임시약헌 등으로 달라지기도 했으나 그들의 법률적 성격과 내용에는 차이가 없다. 임시정부 최초의 헌법인 1919년 4월에 제정된 대한민국임시헌장은 모두 10개 조에 불과한 극히 소략한 것이다.

최초 헌법을 크게 보완·확충하여 사실상 새로 제정한

것이 1919년 9월에 개정된 대한민국임시헌법(제2차 헌법)이다. 1925년, 1927년, 1940년에 이루어진 임시정부의 헌법 개정은 임시정부의 조직 및 운영에 관한 조항들만을 변경한 것이다. 1944년 4월에 개정된 제6차 헌법도 임시정부의 조직 및 운영에 관한 조항들을 변경하고, 통치이념 부분에서는 미세한 수정·보완만 했다. 따라서 임시정부의 통치이념을 파악하기 위해 임시정부의 헌법 내용을 분석할 경우에는 제2차 헌법과 제6차 헌법의 해당 조문들만을 분석하는 것으로 충분하다.

1941년에 발표된 임시정부의 '대한민국건국강령'은 통치이념 면에서 대한민국 건국과 임시정부의 관계를 분석하는 데 임시정부의 헌법만큼 중요한 문헌이다. 임시정부의 헌법은 복국기(復國期)의 임시헌법으로서 임시정부의 정체성을 나타내주는 것인 데 반해 건국강령은 일본의 식민지지배로부터 해방된 다음 한반도에 건국할 새로운 국가의 창건에 관한 임시정부 구성원들의 희망을 담고 있다. 새로 건국된 국가가 임시정부의 통치이념을 계승하려면 임시로 적용해온 헌법에 내포된 통치이념적 요소를 계승해야 하지만, 그와 아울러 건국에 관한 임시정부 구성원들의 희망도 자기의 통치이념에 반영해야 할 것이다.

임시정부 제2차 헌법과 제6차 헌법이 내포하고 있는 통치이념과 관련된 내용은 다음과 같다.

▽전체 인민이 주권을 가지는 민주공화국.

▽모든 인민의 평등.

▽3권 분립의 대의민주주의 통치제도.

▽인민은 언론·출판·집회·결사·파업·신앙의 자유, 거주·이전(여행)의 자유, 통신비밀의 자유, 재산의 보유와 영업의 자유 등을 보유.

▽인민은 법률에 의하지 않으면 신체의 수색·체포·감금·심문·처벌을 받지 않을 권리, 법률에 의하지 않으면 가택의 침입·수색·출입제한·봉폐를 받지 않을 권리, 법률에 의하지 않으면 재산의 징발·몰수·추세를 받지 않을 권리, 법률에 의하여 취학·취직 및 부양을 요구할 권리, 선거 및 피선거의 권리, 공소·사소 및 청원하는 권리, 공직에 취임할 권리 등을 보유.

▽인민의 의무는 납세의 의무, 병역의 의무, 보통교육을 받

을 의무, 민주정치를 보위할 의무, 헌법과 법률을 준수할 의무 등 부담.

건국강령이 내포하고 있는 통치이념과 관련된 내용은 다음과 같다.

▽노동권, 휴식권, 피구제권, 피보험권, 피면비수학권, 참정권, 선거권, 피선거권, 파면권, 입법권, 사회단체가입권 등의 보장.

▽남녀평등의 실현.

▽신체자유, 거주의 자유, 언론·저작·출판·신앙·집회·결사·시위의 자유, 통신비밀의 자유 등의 보장.

▽보통·평등·비밀·직접의 원칙에 따른 선거.

▽납세·병역·공무이행의 의무, 국가의 건설과 보위 및 사회를 건설·지지할 의무부담.

▽대생산기관의 공구 및 수단을 국유로 하고, 토지와 어업·광산·농림·수리·소택과 수상·육상·공중의 운송사업과 은행·전신·교통 등과 대규모의 농·공·상 기업과 도시 공업구역의 공용적 주요건물은 국유로 하고 중·소규

모의 기업은 사영으로 하고, 국제무역·전기·수도와 대
규모의 인쇄·출판·영화·극장 등은 국유 국영으로 함.

▽적산은 모두 몰수 국유화하여 몰수한 자산은 가난한 노
동자와 농민 및 무산자의 이익을 위한 국영 혹은 공영의
집단 생산기관에 공여함.

▽토지의 상속·매매·저당·유증·조차·이전을 금지하고,
고리대금업과 개인의 고용농업제도를 원칙적으로 금지
하고, 두레농장·국영공장·생산소비 및 무역의 합작기
구를 조직·확대.

▽노령노동자·어린 노동자·여자노동자의 야간노동과 연
령·지역·시간의 불합리한 노동을 금지하며, 노동자 및
농민의 무료의료 실시.

▽6세부터 12세까지의 초등 기본교육과 12세 이상의 고등
기본교육을 의무적으로 실시하고 그 비용은 국가가 부
담하고, 각급학교에서 기본적 군사교육을 실시.

임시정부의 헌법과 건국강령의 통치이념 관련 내용을
비교해보면, 인민에 보장되어야 할 기본권과 자유, 인민이
이행해야 할 의무, 인민의 평등 등에서는 양자가 일치하고

있다. 다만 헌법은 사유재산권을 기본권으로 보장하고 있는 데 반해 건국강령은 그것을 명시하지 않고 광범한 국유화를 천명하고 있으며, 헌법은 노동권·휴식권·피구제권·피보험권·피면비수학권 등 사회보장적 권리를 기본권으로 명시하지 않은 데 반해 건국강령은 그것들을 기본권으로 보장하는 점 등이 다르다. 또 기본의무와 관련해서도 건국강령은 납세·병역·교육·준법의 의무 외에 '조국 건설 보위의 의무와 사회 건설 지지의 의무'를 규정하고 있는 점이 헌법과 다르다.

헌법과 건국강령 간의 차이가 가장 큰 부분은 토지와 기업의 소유형태에 관한 부분과 사회복지에 관한 부분이다. 헌법은 토지와 기업의 사적 소유를 보장하고 있는 데 반해 건국강령은 토지와 대기업 및 공공성이 강한 기업들의 광범한 국유화를 천명하고 있으며, 헌법은 사회복지에 대해 소략하게 언급한 데 반해 건국강령은 노동자와 농민의 보호, 노약자의 보호, 빈곤층 보호, 국비에 의한 광범한 교육 실시 등을 매우 광범하게 천명하고 있다.

헌법과 건국강령 간의 이러한 차이는 두 가지 원인에서 비롯된 것으로 판단된다. 첫째 원인은 현재에 대한 규정을 염두에 둔 헌법은 현실성을 고려한 것인 데 반해, 미래에 관한 건국강령은 현실성보다는 희망의 최대치를 선언한 것이라는 차이이다. 둘째 원인은 헌법에 내포된 통치이념과 건국강령에 내포된 통치이념 간의 차이이다. 임시정부 헌법의 통치이념은 자유민주주의가 주조를 이룬 것인 데 반해, 건국강령의 통치이념은 사회민주주의 혹은 복지국가사상이 주조를 이룬 것이라 할 수 있다.

대한민국이 임시정부 통치이념을 계승한 정도

대한민국이 임시정부의 통치이념을 계승했는지 여부를 판단하려면, 대한민국의 건국헌법 내용에 임시정부의 통치이념이 얼마나 계승되었는가를 검토해야 한다. 왜냐하면 헌법이 국가의 통치이념을 가장 분명하게 제시하는 자료이기 때문이다.

대한민국 건국헌법의 통치이념과 관련된 조항이 임시정부의 헌법과 건국강령의 통치이념 관련 내용을 어느 정도 반영하고 있는지를 정확히 파악하려면, 임시정부의 헌법과 건국강령의 통치이념 관련 내용의 항목들이 대한민국 건국헌법에 계승되고 있는지를 구체적으로 검토해봐야 한다. 임시정부의 헌법과 건국강령의 통치이념 관련 요소들이 대한민국 건국헌법에 계승되고 있는 양상을 정리해보면 다음과 같다.

▽'전체 인민이 주권을 가지는 민주공화국'의 항목은 건국헌법에 계승되었다.

▽모든 인민의 평등(헌법) 및 남녀평등(건국강령)의 항목은 건국헌법에 계승되었다.

▽3권분립의 대의민주주의 통치제도의 항목은 건국헌법의 국회, 정부, 법원 등에 관한 조항에 구체적으로 확대 계승되었다.

▽언론·출판·집회·결사·신앙의 자유, 거주·이전(여행)의 자유, 통신의 비밀, 재산권 보유와 영업의 자유 등의 항목은 건국헌법에 거의 모두 계승되었다. 다만 시위의 자유(건국강령)는 명시적으로 계승되지 않았다.

▽법률에 의하지 않은 신체의 수색·체포·감금·심문·처벌

을 받지 않을 권리, 법률에 의하지 않는 재산의 징발·몰수·추세를 받지 않을 권리, 선거·피선거의 권리와 공직취임권리, 공소·사소 및 청원의 권리 등의 항목은 건국헌법에 계승되었다. 불법행위 공무원 파면권(건국강령), 취학·취직·부양 요구권리와 노동권(건국강령) 및 노령노동자·어린 노동자·여자노동자의 야간노동이나 불합리한 노동 금지(건국강령) 등은 건국헌법에 불완전하게 계승되었다.

▽납세·병역·보통교육의 의무 항목과 무상교육(건국강령)은 건국헌법에 계승되었다. 그러나 민주정치를 보위할 의무, 준법의 의무 등의 항목은 건국헌법에서 구체적 조항으로 계승되지 않았다.

▽보통·평등·비밀·직접의 원칙에 따른 선거는 건국헌법에 계승되었다.

▽건국강령에 천명된 국유화 항목은 건국헌법에 불완전하게 계승되었다.

이상과 같이 정리해볼 때, 대한민국 건국헌법의 통치이념 관련 내용은 임시정부 헌법의 통치이념을 거의 완벽하게 계승했고, 임시정부의 건국강령 가운데 국유화와 사회복지 부분을 충분히 계승하지는 못했다고 평가할 수 있다. 건국강령의 국유화와 사회복지 부분은 미래의 희망을 말하는 것이어서 자유민주주의체제 및 경제잉여가 빈약한 국민경제의 현실조건에서는 완전하게 수용할 수 없는 내용이었다. 대한민국의 건국헌법은 자유민주주의체제가 수용할 수 있는, 그리고 당시의 취약한 국민경제가 수용할 수 있는 범위 내에서의 최대치로 건국강령의 국유화와 사회복지 부분을 계승했다고 할 수 있다. 대한민국의 건국헌법이 이처럼 임시정부의 통치이념을 대폭 계승하게 된 데는 건국헌법 초안 작성자가 건국헌법의 초안을 작성할 때부터 임시정부의 건국강령을 참고한 것도 큰 작용을 했다.

결론적으로 말해서, 대한민국은 통치이념 면에서는 임시정부를 거의 완전하게 계승했다고 판정할 수 있다.

대한민국이 인적 구성 면에서
임시정부를 계승한 정도

대한민국이 임시정부를 인적 구성 면에서 계승했는지 여부를 판단하기 위해서는 먼저 판단의 기준을 정해야 한다. 우선 그 '계승'의 의미를 정의해야 하고, 계승 대상이 되는 임시정부 구성원들의 범위를 정해야 한다. 계승을 협의로 정의할 때 그 의미는 임시정부 요인들이 대한민국의 건국을 위한 활동에 참여하거나 기여한 것을 의미한다. 계승을 광의로 정의할 때 그 의미는 임시정부 구성원들이 대한민국의 건국을 위한 활동에 직접 참여한 것에 그치지 않고, 직접 참여하지는 않았지만 대한민국 건국 후 대한민국에 대해 충성하는 태도를 보이는 것까지를 포함한다. 대한민국에 대해 충성하는 태도를 보이는 것은 대한민국에 대한 충성을 직접 선언하거나 선거에 입후보한 것을 포함하여 어떤 형태로든 대한민국의 국정에 참여한 것을 의미한다.

필자는 1950년 5월의 제2대 국회의원선거(5·30선거)에 참여한 임시정부의 구성원이나 대한민국 건국 직후 대한민국에 대한 충성을 선언한 임시정부 구성원은 대한민국에 '광의로 계승'된 인사로 간주한다. 5·30선거에 참여한 인사들을 광의로 대한민국에 계승된 인사로 평가하는 것은 건국 후 2년 만에 실시된 5·30선거에 참여한 사실을 대한민국에 대해 긍정적으로 평가하여 대한민국의 국정에 참여한 것으로 해석할 수 있기 때문이다. 대한민국에 대한 충성을 선언한 인사들을 광의로 대한민국에 계승된 인사로 평가하는 이유는 대한민국에 대해 충성을 선언한 것이 대한민국에 '귀의'하는 것을 뜻하기 때문이다.

계승의 대상이 된 임시정부의 구성원들의 범위는 임시정부의 지휘부를 구성했던 인사들이다. 임시정부의 지휘부를 구성했던 인사들이란 임시정부에서 대통령이나 국무령, 국무위원회의 주석과 부주석, 국무위원과 행정부장, 의정원의 의원, 광복군 지휘관 등으로 활동했던 인사들을 지칭한다. 그런 직책을 역임한 모든 사람들이 아니라 그들 중에서도 8·15해방 후 남한에서 활동한 인사들로 한정되어야 할 것임은 말할 필요도 없다. 8·15해방 후 남한에서 활동하지 않았던 사람들을 대한민국이 계승할 수는 없는 일이기 때문이다.

8·15해방 이후 남한에서 활동한 임시정부 요인들(임시정

부 지휘부를 구성했던 인사들)은 총 28명이다. 그들의 명단은 다음과 같다.

▽1945년 11월 23일 임시정부 요인 1진으로 귀국한 인사
6명: 김구·김규식·이시영·김상덕·엄항섭·유동열
▽1945년 12월 2일 임시정부 요인 2진으로 귀국한 인사
14명: 홍진·조성환·황학수·장건상·김붕준·성주식·유림·김성숙·조경한·조완구·조소앙·김약산(김원봉)·최동오·신익희
▽2진 귀국 후 개별적으로 귀국한 인사 6명: 이청천·박건웅·윤기섭·손두환·조시원·이범석
▽8·15해방 전부터 국내에 거주했던 인사 1명: 연병호
▽미국에서 활동하다가 귀국한 인사 1명: 이승만

이들 28명 중 대한민국 건국을 위한 결정적 행사인 1948년 5·10선거 당시 사망과 질병으로 인해 활동하지 않은 인사들은 인적 구성상의 계승 논의에서 제외되어야 한다. 이에 해당하는 인사는 홍진과 조성환 두 명이다. 홍진은 5·10선거가 쟁점이 되기 전인 1946년 9월에 사망했

다. 귀국 후 장기간 와병상태에 있었던 조성환은 5·10선거에 반대하는 성명발표에 참여했으나 남북협상에 참여하지는 않았고 1948년 10월에 사망했다.

　나머지 26명 중 북한정권에 참여한 인사들도 계승논의에서 제외되어야 한다. 북한정권에 참여한 인사들은 앞서 살펴본 임시정부의 통치이념에 반대되는 선택을 한 인사들이기 때문이다. 대한민국 건국이 인적 구성 면에서 임정을 계승하는 것은 대한민국이 계승한 임정의 통치이념에 반하지 않는 입장을 취하는 임시정부 구성원들이어야 한다. 앞서 임시정부의 헌법과 건국강령에 내포된 임시정부의 통치이념을 정리할 때 확인할 수 있었던 바와 같이 임시정부의 통치이념은 공산주의 독재와는 양립할 수 없는 것이다. 북한정권에 참여한 인사는 김원봉(김약산)·성주식·손두환·박건웅 등 네 명이다.

　북한정권 참여자를 제외한 나머지 22명 중 대한민국 건국에 강경하게 반대한 인사는 김구·조완구·엄항섭 등 세 명이다. '대한민국 건국에 강경하게 반대했다'는 의미는 5·10선거 실시를 반대하고 대한민국이 건국된 후에도 어떠한 형태로든 대한민국의 국정에 일절 참여하지 않았다는 뜻이다.

임시정부 요인들 가운데 대한민국 건국에 대해 모호한 태도를 취한 인사는 황학수 한 명이다. 황학수는 남북협상에도 참여하지 않고 대한민국 건국활동에도 참여하지 않았으며, 일찍부터 고향에 칩거하며 정치활동에 거리를 둔 탓으로 인해 대한민국 건국에 대한 그의 입장을 확인하기 어렵다.

대한민국 건국에 참여하거나 기여한 임시정부의 요인은 이승만·이시영·신익희·이청천·이범석·김상덕·연병호·김붕준·유동열·윤기섭 등 열 명이다. 그들 중 이승만(대통령)·이시영(부통령)·신익희(국회의장)·이청천(무임소장관)·이범석(국무총리) 등은 대한민국 건국 참여가 현저하기 때문에 그들의 활동에 대해 새삼 설명할 필요가 없다.

김상덕은 이승만이 이끄는 독립촉성국민회와 민족통일총본부의 총무부장으로 활동했고, 5·10선거에 입후보하여 (경남 고령) 당선되었으며 제헌의회에서 반민특위위원장으로 활동했다. 연병호도 5·10선거에 입후보하여(충북 괴산) 당선되었다. 김붕준은 5·10선거에 서울 성동에서 입후보했으나 낙선했다.

유동열은 대한민국 정부수립에는 직접 참여하지 않았지만 대한민국 정부수립 때까지 미군정의 통위부장으로서 대한민국의 군대를 양성하는 데 기여했으며, 대한민국 건국 후 1949년 8월 '대한민국에 대한 충성'을 다짐하는 민족진영강화대책준비위원회 상무위원이 된 점 등을 고려할 때, 대한민국 건국에 기여한 인사의 범주에 포함시킬 수 있다.

윤기섭은 과도입법의원의 부의장을 역임하면서 남한총선 준비에 긍정적인 활동을 했으며, 이에 따라 미군정에 의해 5·10선거준비위원장에 임명되기도 했다. 그는 5·10선거와 대한민국 건국에 직접 참여하지는 않았으나 1949년 8월 대한민국에 대한 충성을 다짐하는 민족진영강화대책준비위원회에 참여했으며, 1950년의 5·30선거에 입후보하여(서울 서대문을) 당선되었다. 따라서 윤기섭도 대한민국 건국에 기여한 인사의 범주에 포함시킬 수 있다.

대한민국 건국에는 참여하지 않았지만 대한민국의 건국을 긍정 평가하고 5·30선거에 참여한 임시정부 요인은 조소앙·조시원·유림·장건상·김성숙 등 다섯 명이다.

조소앙은 평양의 남북협상회의가 끝난 후 '다 틀렸다'

고 분개했다. 조소앙은 평양에서 돌아온 후 남북협상에 참여한 것을 후회했으며, 이승만의 요청이 있으면 대한민국 행정부에 참여할 의지를 나타내기도 했었다. 그는 대한민국 정부 수립이 임박하자 "초보이지만 정부가 수립되었다는 것만이라도 유쾌하다"고 매우 긍정적으로 평가했다. 조소앙은 민족진영강화대책준비위원회에 참여하여 대한민국에 대한 충성을 선언했고, 사회당을 조직하여 대한민국에서 정치활동을 전개할 태세를 갖추고 있다가 5·30선거에 입후보하여(서울 성북구) 당선되었다.

조시원은 조소앙의 친동생이자 정치적 동지이기 때문에 조소앙의 정치행보를 그대로 추종했고, 5·30선거에 입후보하여(경기도 양주) 당선되었다. 유림은 5·10선거에는 불참했으나 평양에서 개최된 남북협상회의에 불참했을 뿐만 아니라 평양의 남북협상회의를 북한의 인민공화국 수립을 위한 것이라고 비판했으며, 5·30선거에 경북 안동에서 입후보했으나 낙선했다. 장건상은 평양 남북협상회의에 참석한 후 송별연에서 "공산주의를 가지고는 우리는 살 수 없다. 공산주의 세계가 되겠다고 바라는 것은 헛된 생각이다"라고 발언한 것이 화근이 되어 김구·김규식 등과 함께 서울로 돌아오지 못하고 며칠 동안 평양에 억류되었다. 김일성과 사제의 인연이 있는 최동오의 도움을 받아 함께 서울로 오게 된 불쾌한 경험을 했다. 장건상은 대한민국 건국에 대해 긍정적인 입장을 취하게 되었으며 5·30선거에 입후보하여(부산) 당선되었다. 김성숙은 5·30선거에 경기도 고양에서 입후보했으나 낙선했다.

대한민국 건국에 불참했고, 5·30선거에도 참여하지 않았지만 대한민국에 대해 충성을 선언한 임시정부 요인은 김규식·최동오·조경한 등 세 명이다.

김규식은 평양의 남북협상회의에 참여했던 것에 대해 후회하는 태도를 공개적으로 표명한 일은 없었으나, 대한민국 정부가 수립되자 "아직까지는 남한에서만 정부가 수립되고 우리가 독립을 갖게 된다 하여도 불만한 감을 면치 못한다. 그러나 해방이 된 뒤에도 남의 군정통치에 지나던 것보다 일반민중의 생활문제라든지 급박한 경제난 등등이 점차 용해되기를 바란다"고 긍정적인 평가를 했다. 대한민국의 건국에 대한 김규식의 긍정적 태도는 시간이 갈수록 더 강해져서 대한민국에 대한 충성을 다짐하는 민족진영강화대책준비위원회에 참여했고, 5·30선거 때는 자기는 출마하지 않았지만 주변 추종자들에게 출마를 권유했다.

최동오는 남북협상에 참여했으나 대한민국에 대한 비판적 활동을 하지 않았으며, 대한민국에 대한 충성을 다짐하는 민족진영강화대책준비위원회에 참여했다. 조경한은 대한민국 건국에 참여하지 않았으나 남북협상에도 참여하지 않았으며, 민족진영강화대책준비위원회에 참여하여 대한민국에 대한 충성을 다짐했다. 그는 5·30선거에 불참했으나 세월이 한참 지난 후 1963년 민주공화당에 참여하여 제6대 국회의원이 되었다.

김규식·최동오·조경한 등은 조소앙·조시원·유림·장건상 김성숙 등과 동일 범주에 포함시킬 수 있다. 그들이 비록 5·30선거에 불참했다 하더라도 대한민국에 대해 충성하는 태도를 보인 점은 분명하기 때문이다.

이상과 같이 볼 때, '계승' 대상에 포함된 22명의 임시정부 요인들 가운데 대한민국에 '협의로 계승'된 인사는 전체의 45%(10명)이다. 대한민국에 '광의로 계승'된 인사들을 추가하면 대한민국에 계승된 임정요인들은 전체의 82%(18명)에 달한다. 이에 반해 대한민국 건국에 강경하게 반대함으로써 대한민국 건국에 명백하게 '계승'되지 않은 임시정부의 요인들은 14%(3명)에 불과하다.

대한민국의 건국이 인적 구성 면에서 임시정부를 계승했는지를 평가할 때는 이러한 수치만을 절대 기준으로 삼을 수 없는 측면이 있다. 즉 대한민국 건국을 강경하게 반대한 김구 등 세 명은 임시정부의 주도세력인 데 반해 대한민국 건국에 계승된 인사들은 대체로 임시정부의 비주류에 속하는 인사들이라는 질적인 차이가 있기 때문이다. 특히 김구는 임시정부의 상징과 같은 인사다. 그럼에도 임정요인 가운데 대한민국에 계승된 비율(최저 45%, 최고 82%)은 계승되지 않은 비율(14%)을 압도하고 그러한 압도적 차이는 임시정부에서 차지한 김구의 큰 비중을 상쇄할 수 있다.

이상과 같이 볼 때, 양적 측면과 질적 측면을 모두 고려하여 평가한다면, 대한민국의 건국은 인적 구성의 면에서 임시정부를 충분히 계승했다고는 말할 수 없을지라도, 계승하지 않았다고는 결코 말할 수 없을 것 같다.

결어

대한민국은 통치이념의 면에서는 임시정부를 거의 완전하게 계승했다고 평가할 수 있고, 인적 구성의 면에서는 계승하지 않았다고는 말할 수 없다면, 종합적으로 평가할 때 대한민국은 임시정부를 계승했다고 말하는 것이 타당하다. 최소한 대한민국이 임시정부를 계승하지 않았다고 말하는 것은 타당하지 못하다 하겠다. 만일 어떤 공적 조직이 다른 공적 조직을 계승할 때 인적 요소보다 피계승 조직의 운영이념의 계승이 더 중요하다는 점을 인정한다면, 대한민국은 임시정부를 계승했다고 말하는 것이 타당하다.

필자가 말하는 '대한민국이 임시정부를 계승했다'는 서술은 '대한민국의 현실 혹은 대한민국 건국 이후의 역사가 임시정부를 계승했다'는 서술과는 다른 의미를 갖는다. 대한민국이 임시정부를 계승했다는 서술은 대한민국의 건국헌법이 임시정부의 통치이념을 계승했고, 건국과정 및 건국 직후에 임시정부 요인들 중 압도적 다수가 대한민국의 건국을 긍정적으로 평가하며 대한민국 국정에 참여했거나 대한민국에 충성을 선언했다는 것을 의미한다.

헌법과 현실 간에는 괴리가 있고, 건국 후의 대한민국 역사는 건국 당시 지향하던 바와 다를 수 있다. 오늘날 대한민국이 임시정부를 계승하지 않았다고 주장하는 사람들 가운데는 이러한 점을 외면하고, 대한민국의 현실과 건국 후의 대한민국 역사를 기준으로 그런 주장을 하는 오류를 범하는 사람들이 있다.

임정계승론과 관련하여, 최근에는 대한민국 건국이 임시정부를 계승했다는 점을 과도하게 확대해석하여 대한민국 임시정부의 수립이 곧 대한민국의 건국이라는 주장이 제기되어 또 하나의 논쟁을 불러오고 있다. 이런 주장을 하는 인사들은 1919년 임시정부의 수립이 대한민국의 건국이라고 주장하고 있다. 그들은 대한민국이 1919년이 아닌 1948년에 건국되었다고 말하는 것은 임시정부의 가치 및 독립운동의 역사를 평가절하하려는 의도에서 비롯된 것이라고도 주장한다.

재미있는 점은 이런 주장을 하는 사람들이 모두 대한민국의 임정계승론을 주장한 이승만을 비판하고, 임정계승론을 부정한 김구를 찬양·숭배하는 사람들이라는 사실이다. 그들이 찬양·숭배하는 김구는 죽는 날까지 대한민국이 임정을 계승하지 않았다고 주장했는데, 그들은 대한민국이 임정을 계승한 정도에 그치지 않고 임정수립이 아예 대한민국의 건국이라고 주장하는 것이다.

논란의 여지를 무시하고, 임정수립이 대한민국의 기점이라는 점을 인정할 경우라도, 대한민국이 1948년에 건국되었다고 말하는 것은 결코 임시정부의 가치나 독립운동의 역사를 평가절하하는 것이 아니다. 1948년을 대한민국의 건국연도라고 말하는 것은 객관적인 사실을 사실대로 말하는 것이며, 결코 임시정부의 가치를 평가절하하려는 의도와는 상관이 없는 일이다. 1948년을 대한민국 건국연도라고 말하는 것은 1919년의 대한민국 임시정부 수립이 대한민국 건국의 기점 또는 기원이라는 점을 전면적으로 부정하는 말이 아니기 때문이다.

오히려 임시정부 수립연도인 1919년을 대한민국 건국연도라고 주장하는 것이야말로 1948년에 건국된 대한민국을 평가절하하는 악의적 비행이라고 말할 수 있다. 대한민국이 임시정부의 통치이념을 계승했다는 이유로, 또는 넓게 생각하여 임시정부를 대한민국 건국의 기원(기점)으

로 인정할 수 있다는 이유로 임시정부 수립을 대한민국의
건립이라고 우기는 것은 임시정부 구성원들과 대한민국
국민을 다 같이 바보로 만드는 부도덕한 행동이다.

대한민국 건국과 김구

김구 선생이 대한민국의 국부(國父)?

대한민국 건국 저지에 올인

김일성에 이용당한 남북협상 참여

건국 후에도 대한민국 부정 일관

김구 선생이 대한민국의 국부(國父)?

우리나라 국민들이 가장 많이 존경하는 인물은 김구 선생이다. 김구 선생을 존경하는 국민이나 지식인 가운데는 대한민국 건국을 주도한 이승만 대통령을 국부라고 칭송하는 것은 타당하지 않고 대한민국의 국부로 받들 사람은 김구 선생이라고 주장하는 사람들이 많다. 어떤 이들은 김구 선생이 일평생 대한민국의 건국을 꿈꿔왔으며, 대한민국 건국에 중대한 기여를 했다고 주장하면서 김구 선생은 대한민국 '건국의 아버지'라 주장하기도 한다.

김구 선생이 대한민국 건국에 크게 기여했다면 대한민국의 국부로 칭송되어야 할 것이다. 아쉽게도 김구 선생은 대한민국 건국에 기여하기는커녕 건국을 매우 심각하게 방해했다. 이러한 김구 선생을 대한민국의 국부로 칭송하는 것은 대한민국을 조롱하는 행위이다. 김구 선생은 1947년 12월 중순까지는 대한민국의 건국에 반대하지 않았다. 김구 선생은 1947년 12월 1일에 발표한 성명에서 다음과 같이 천명했다.

"우리는 유엔결의안〔남북한에서 유엔 감시하에 자유총선을 실시하여 통일정부를 구성하라는 결의〕을 지지하는 바이다. 혹자는 소련의 보이콧으로 인하여 유엔안이 실시 못 된다고 우려하나…… 일보를 퇴하여 불행히 소련의 방해로 인하여 북한의 선거만은 실시하지 못할지라도 추후에 하시든지 그 방해가 제거되는 대로 북한이 참가할 수 있게 하는 것을 조건으로 하고 의연히 총선거의 방식으로 정부를 수립하여야 한다. 그것은 남한의 단독정부와 같이 보일 것이나 좀 더 명백히 규정하자면 그것도 법리상으로나 국제관계상으로 보아 통일정부일 것이요 단독정부는 아닐 것이다. 이 박

동지로서의 이승만과 김구. 이승만 박사와 김구 선생은 해방정국에서 동지로서 협력하는 관계를 장기간 유지해왔다. 두 지도자가 대립하게 된 것은 1947년 12월 하순 이후부터이다. 사진은 임시정부 요인의 일원으로 김구 선생이 귀국한 직후 임시정부 요인 귀국 환영식장에서 이 박사와 김 선생이 나란히 앉아 이야기하고 있는 모습이다.

사가 주장하는 정부는 상술한 제2의 경우에 치중할 뿐이지 결국에 내가 주장하는 정부와 같은 것인데 세인이 그것을 오해하고 단독정부라고 하는 것은 유감이다."

오늘날 김구 선생을 찬양하는 사람들의 일부(이들은 김구 선생이 대한민국 건국에 기여했다고 주장하는 사람들과는 다른 계열의 김구 선생 찬양자들이다)는 김구 선생의 이 성명이 가짜라고 주장한다. 김구 선생의 이 성명은 신문들에 대서특필되었는데, 그것이 가짜성명이라면 당시 멀쩡히 살아서 활동하던 김구 선생이 그것을 그대로 두지 않았을 것이다. 최소한 그 성명이 가짜라고 밝히는 성명이라도 발표했을 것이다. 그러나 김구 선생은 그 성명을 가짜라고 말한 일이 없다. 뿐만 아니라 그 성명이 발표된 지 3일 후 그 성명이 자기의 진심을 반영한 것임을 확인하는 성명을 발표했다. 김구 선생은 1947년 12월 4일 "나와 이승만 박사는 조국의 자주독립을 즉시 실현하자는 목적에 완전 합의를 보았다. 나도 이 박사를 존경하는 한 사람이므로 양인 간에는 본래 다른 것이 없는 것이다"라고 말했던 것이다.

이처럼 이승만 박사의 대한민국 건국 노력을 지지했던 김구 선생은 12월 하순 갑자기 입장을 바꾸어 "우리는 여하한 경우에든지 [이승만 박사의] 단독정부는 절대 반대할 것이다"라고 선언했다. 김구 선생이 이처럼 이 박사의 대한민국 건국 노력에 대해 갑작스럽게 강경한 반대 입장을 표명하게 된 것은 한민당의 핵심간부였던 장덕수 선생 암살사건, 그리고 유엔한국임시위원단과 회담할 한국민족대표단의 구성문제를 둘러싼 한민당과 임정세력 간의 감정적 갈등 및 기타 요인 때문이었다. 김구 선생은 자기를 장덕수 암살사건의 배후조종자로 의심하고, 민족대표단을 구성하면서 임정 측과 아무런 사전 협의를 하지 않은 한민당 인사들의 태도에 분노하여, 그리고 기타 요인들이 작용하여 그러한 폭탄선언을 한 것이다.

이승만 박사의 대한민국 건국 노력에 대해 등을 돌린 김구 선생의 결정은 그가 이끄는 한국독립당(이하 한독당)에서 공식적 논의도 거치지 않은 채 취해진 것이다. 한독당은 김구 선생이 이 박사의 건국노선에 대한 결별선언을 한 후에도 이 박사의 대한민국 건국노선에 협조적인 입장을 천명했다. 한독당은 소련의 유엔 대표가 유엔한국임시위원단의 북한방문을 거부한다는 입장을 재확인했다는 사실이 보도된 직후인 1948년 1월 25일 "소련 측이〔유엔한국임시위원단의〕북조선 입경을 거부한다면 우리는 부득이 유엔 감시하에 수립되는 정부가 중앙정부라면 38선 이남에 한하여 실시되는 선거라도 참가할 용의가 있다"고 천명했던 것이다.

김구 선생은 자기가 이끄는 정당인 한독당이 남한 선거

에 참여할 것임을 천명한 바로 다음 날 "미·소 양군이 철퇴하지 않고 있는 남북의 현재 상태로서는 자유로운 분위기를 가질 수 없으므로 양군이 철퇴한 후 남북요인회담을 하여 선거준비를 한 후에 총선거를 하여 통일정부를 수립해야 할 것"이라고 선언했다. 김구 선생이 이날 말한 것은 소련이 한국문제의 유엔총회 상정을 거부하기 위해 1947년 9월부터 반복해왔던 제안인 동시에, 김구 선생 자신이 그동안 반복하여 비판해왔던 제안이다. 남북협상(남북 제 정당 사회단체 대표회의)은 김일성이 이미 1947년 10월부터 제안해놓고 남한의 김구 선생과 김규식 박사를 끌어들이기 위해 공작을 전개하고 있었던 것인데, 마침내 김구 선생이 이에 걸려든 것이다.

대한민국 건국 저지에 올인

김구 선생이 이처럼 대한민국 건국노선에서 이탈하여 남북협상 쪽으로 돌아서자 이승만 박사는 김구 선생을 달래기 위해 많은 노력을 기울였다. 이 박사는 김구 선생과 몇 차례 회담을 가지면서 공산세력에 이용당하는 남북협상 추진을 그만두고 대한민국 건국 사업에 함께 노력하자고 호소했다. 심지어 자기도 남북협상에 참여할 터이니 남북협상이 실패하면 대한민국 건국을 위해 함께 일하자고까지 호소했다. 김구 선생은 이 박사가 남북협상에 참여하는 것은 북한공산세력이 반대할 것이라면서 이 박사의 호소를 외면했다.

김구 선생은 오히려 1948년 2월 10일 「삼천만 동포에게 읍고함」이라는 제목의 장문의 감상적 성명서를 발표하여 대한민국 건국세력을 비난했다. 그 성명서의 주요 부분을 소개하면 아래와 같다.

"미군주둔연장을 자기네의 생명연장으로 인식하는 무지몰각한 도배들은 국가민족의 이익을 염두에 두지도 아니하고 박테리아가 태양을 싫어함이나 다름없이 통일정부수립을 두려워하는 것이다. 그리하여 그들은 음으로 양으로 유언비어를 조출하여서 단선 단정의 노선으로 민중을 선동하여 유엔위원단을 미혹하게 하기에 전심력을 경주하고 있다. ……나는 통일된 조국을 건설하려다가 38선을 베고 쓰러

질지언정 일신의 구차한 안일을 취하여 단독정부를 세우는
데는 협력하지 아니하겠다. 나는 내 생전에 38 이북에 가
고 싶다.”

　성명은 대한민국 정부를 수립하려는 인사들을 '미군주
둔연장을 자기네의 생명연장으로 인식하는 무지몰각한
도배들'이요, '국가민족의 이익을 염두에 두지 않고 박테
리아가 태양을 싫어하듯이 통일정부 수립을 두려워하는
인간들'이라고 매도했다. 성명은 또 “나는 통일된 조국을
건설하려다가 38선을 베고 쓰러질지언정 일신의 구차한
안일을 취하여 단독정부를 세우는 데는 협력하지 아니하
겠다”고 선언했다.
　이 성명이 비판하고 있는 남한 정부수립은 당시 상황에
서는 한반도의 공산화통일을 저지하는 유일한 방법이었
다. 북한에서는 1946년 2월부터 북조선임시인민위원회라
는 북한지역의 단독 정부를 만들어 사회주의 지향적 토지
개혁을 비롯하여 공산화를 추진했고, 1947년 2월에는 임
시정부인 임시인민위원회의 '임시' 딱지를 떼고 인민위원
회라는 정식정부로 전환하여 공산화 추진 작업을 한 단계

더 강화했다. 북한지역의 공산화를 안정시킨 북한주둔 소련군과 북한 공산정권은 1947년 가을부터 북한을 기지로 삼아 남한 지역 공산화를 위한 정치공작을 강화했다. 이런 상황에서 남한의 공산화를 저지할 수 있는 유일한 방법은 남한에 조속히 반공적 정부를 수립하여 안정된 통치를 실시하는 것이다.

이러한 상황에서 남한에서 정부를 수립하려는 노력을 방해한다는 것은 그 동기가 무엇이었건 간에 결과적으로는 공산화통일에 협조하는 꼴이 되기 쉽다. 김구 선생의 성명에 내포된 감상적 민족주의 및 통일지상주의는 이러한 한반도 상황에서는 자칫하면 '민족통일이라면 공산화통일이라도 좋다'는 관념으로 연결될 수 있는 위험한 것이다. 그런 점에서 김구 선생의 성명 내용은 매우 부적절한 것이었으며, 대한민국 건국에 부정적인 영향을 미쳤고 오늘날까지도 대한민국에 부정적인 영향을 미치고 있다.

이 성명은 내용이 타당치 않았던 점에 더하여, 그것이 발표된 시기도 매우 부적절했다. 김구 선생이 그 성명서를 발표한 1948년 2월 10일은 좌익세력이 남한 선거반대를 위해 이른바 2·7구국투쟁을 시작한 지 4일째 되는 날이었다. 시기적으로 볼 때, 김구 선생의 감상적 성명서는 한창 진행 중인 좌익세력의 남한 선거 반대를 위한 폭력투쟁(곧 대한민국 건국 반대투쟁)을 성원하는 효과를 나타낸 것이다. 이 2·7구국투쟁은 좌익들의 무장 빨치산 투쟁으로 연결되었고, 그런 현상이 가장 큰 규모로 나타난 것이 제주도에서 발생한 4·3폭동이다.

일단 대한민국 건국반대-남북협상 추진의 입장을 정한 김구 선생은 대한민국 건국을 저지하기 위한 남북협상에 올인했다. 1948년 2월 26일 유엔소총회가 소련의 반대로 북한에서의 선거가 불가능하므로 남한에서만이라도 선거를 실시하라고 결의했을 때 김구 선생은 남한 선거에 불참할 뿐만 아니라 남한 선거를 반대한다는 입장을 밝혔다. 이러한 김구 선생의 태도는 남북협상에 함께 나선 김규식 박사가 '나는 남조선 선거에는 불참하겠으나 남조선 선거는 반대하지 않겠다'는 태도를 취한 것과 대조된다.

1948년 3월부터 5월까지 이승만 박사를 중심으로 한 대한민국 건국세력은 좌익세력과 격렬하게 싸우면서 대한민국 건국을 위한 남한에서의 선거를 준비하는 데 전력을 기울이고 있었다. 바로 그 시기에 김구 선생은 좌익과 공동보조를 취하여 남한 선거를 저지하는 투쟁을 전개하고 남북협상을 실현하기 위해 전력투구했다.

김일성에 이용당한 남북협상 참여

그러한 노력을 거쳐 김구 선생은 마침내 1948년 4월 평양에서 개최된 남북협상회의에 참석했다. 물론 평양의 남북협상회의는 김일성이 일방적으로 제안한 것이었으며, 그와 관련하여 김구 선생은 김일성과 아무런 사전협의도 하지 못한 채 그 회의에 참여했다.

김구 선생이 참여한 남북협상회의는 남북한의 유력한 정당과 사회단체의 대표들이 모두 참여한 회의가 아니라, 북한의 정당 및 사회단체와 김일성이 초청한 남한의 정당과 사회단체(즉 남한 선거를 반대하는 남한의 정당과 사회단체)의 대표들만 참여한 회의였다. 다시 말해서 북한의 정당들과 북한 정당들에 동조적 입장을 취하는 남한의 정당과 사회단체 대표들만이 참여한 회의였다. 거칠게 말하자면, 북한의 정당·단체들과 친북적인 남한의 정당·단체의 회의였던

평양 남북협상에서 김일성의 안내를 받고 있는 김구 선생. 김구 선생은 남북협상 회의에 참여하기 위해 1948년 4월 20일 평양에 도착했다. 사진은 김구 선생이 평양 체류기간 중 회합에 참여하기 위해 김일성의 안내를 받아 회합 장소로 가고 있는 장면이다.

것이다.

그 회의에서는 남북한 정치·사회단체 대표들 간에 아무런 협상도 진행되지 않았다. 회의는 오로지 북한 공산세력이 소련군 정치장교들의 지도하에 사전에 만들어놓은 각본대로 진행되었으며, 그들이 만들어놓은 각종 문서들을 채택했다. 그 회의에서 채택된 문서들은 미군점령통치하의 남한 상황을 극렬하게 비방하고 소군점령 통치하의 북한 상황을 극찬하며, 대한민국 건국을 위한 남한의 총선 실시 저지를 위해 남북협상에 참여한 모든 정당·단체들은 '열화 같은 투쟁'을 전개할 것을 촉구하는 내용이었다. 평양 남북협상회의에서 채택된 문서들의 문제 내용을 소개하면 아래와 같다.

"남조선에서는 우리 조국을 분열하여 예속시키려는 미국의 반동정책을 지지하여 우리 민족을 반역하며 조국을 팔아먹는 이승만, 김성수 매국노들이 발호하고 있다. ……남조선인민들은 초보적인 민주주의적 자유까지도 박탈당하였으며 생활을 향상시킬 하등의 희망과 조건도 가지지 못하고 있다. 우리는 북조선에 주둔한 쏘련군이 북조선인민들에게 광범한 창발적 자유를 준 결과에 북조선에서는 인민들이…… 인민위원회를 확고히 하며 민주개혁을 실시하며…… 조국이 민주주의적 자주독립국가로 발전될 모든 토대를 공고히 함에 거대한 성과를 거두고 있음을 인정한다."〈「조선정치정세에 관한 결정서」에서〉

"북조선에서는 일체 정권이 해방된 조선인민의 수중으로 넘어오고 사회·경제·문화의 각 분야에서 위대한 민주개혁들이 실시되어 빛나는 열매를 거두고 있을 때…… 남조선에서는 미국 강탈자들의 식민지적 테로 경찰제도를 수립하였다. 인민들은 일제시대와 같이 탄압·유린되고 있으며 강탈·파산되고 있다. ……소위 '선거' 운운은 흉악한 허위이며 간교한 기만이다. ……외국의 노골적인 간섭하에서 '선거'를 실시한다는 것은…… 자기 주인들인 미제국주의자들의 흉악무도한 계획을 충실하게 실현할 배족적 망국노들의 '정부'를 수립하려는 이승만, 김성수 등 매국도당의 반역음모인 것이다."〈「전 조선 동포에게 격함」에서〉

북한의 상황을 거짓 찬양하고 남한의 상황을 부당하게 왜곡 비방한 문서의 내용은 사실상 공산화통일을 간접적으로 지지한 것으로 간주될 수 있다. 북한이 매우 좋은 사회이고 남한이 매우 나쁜 사회라면 남한을 북한처럼 만드는 것이 바람직한 일이기 때문이다. 김구 선생은 이러한 문서채택에 직접 참여하지는 않았지만 남북협상회의가 끝난 후 그런 문서들에 대한 견해를 묻는 신문기자에게 그 문서들의 주된 취지가 남한의 단독선거 반대이므로 그 문서들에 찬동한다고 말했다. 김구 선생은 그 문서들의 내용을 면밀하게 따져보지도 않은 채 찬동의 입장을 표명했던 것으로 추정되나, 면밀하게 따져보지 않았다고 해서 그런 잘못된 입장을 천명한 데 대한 정치적·도덕적 책임이 면해지는 것은 아니다.

남북협상 본회의(모란봉 극장에서 진행된 남북조선 제 정당사회단체 대표자연석회의)가 폐막된 후 남의 김구와 김규식, 북의 김일성과 김두봉을 포함한 남북지도자협의회(남북요인회담)가 개최되었다. 남북지도자협의회는 4월 30일 공동성명을 발표했다. 이 4·30성명은 △남한 총선 저지, △소련이 제안한 미소군 조기철수론 관철 등 연석회의에서 채택된 문서들의 내용을 거듭 확인하면서, 통일방안으로서 '전 조선정치회의 소집을 통한 통일적 민주정부 수립'을 제안했다. 공동성명의 해당 부분은 다음과 같다.

"외국군대가 철퇴한 후 左記(좌기) 제 정당사회단체들은 공동명의로 전 조선정치회의를 소집하여 조선인민의 각층 각계를 대표하는 민주주의 임시정부가 수립될 것이며, 국가의 정권은 정치·경제·문화생활의 일체 책임을 갖게 될 것이다. 이 정부는 그 첫째 과업으로 일반적·비밀적·평등적 비밀투표로서 통일적 조선입법기관을 선거할 것이며, 선거된 입법기관은 조선헌법을 제정하여 통일적 민주정부를 수립하여야 할 것이다."

오늘날 김구 선생의 남북협상 참여를 찬양하는 사람들이 김구 선생의 남북협상 성과로 긍정평가하고 있는 4·30 성명의 이 부분은 얼핏 보면 큰 문제가 없어 보인다. 그러나 자세히 분석해보면 이 문서 역시 공산화통일을 간접적으로 지지하는 것임이 드러난다. 이 문서의 문제점은 '좌기 제 정당사회단체가 전 조선정치회의를 소집한다'는 점에서 비롯된다. 성명문의 왼쪽에 기록된 '좌기 제 정당사회단체'는 평양 남북협상회의에 참여한 남북한의 56개 정당과 사회단체들의 명단이었다.

평양 남북협상회의에 참여한 56개 정당과 사회단체가 전 조선정치회의를 소집하면, 그 회의에는 평양회의에 반대한 남한의 우익진영 정당과 사회단체 및 일부 중도진영 정당과 사회단체는 참여하지 않을 것이다. 왜냐하면 평양회의에 참여했던 남북의 정당과 사회단체는 수적 우세를 무기로 일방적으로 회의를 진행할 것이기 때문이다. 결국 전 조선정치회의라는 것은 평양 남북협상회의의 복사판이 될 것이다. 그러한 전 조선정치회의에서 수립된 임시정부는 남북노동당(남북한의 공산당)과 그에 동조하는 자들이 좌우하는 임시정부가 될 것이며, 그것이 주관하여 만들어진 통일정부 또한 동일한 성격의 정부가 될 것이다. 거칠게 단순화하면 공산주의 통일정부가 될 것이다.

이런 의미를 내포한 문장들이 들어 있는 4·30성명을 남북협상의 성과라고 평가하는 것은 '통일이라면 공산화통일도 좋다'는 생각을 가지고 있지 않는 한 하기 어려운 평가이다.

건국 후에도 대한민국 부정 일관

김구 선생이 대한민국 건국을 저지하기 위한 남북협상에 참여한 동기에는 모종의 민족적 대의를 실현하려는 의지가 작용하고 있었을 것임은 부정할 수 없다. 그러나 애족

심에서 출발한 것이었다 할지라도, 남북협상회의의 결과를 보면 김구 선생의 남북협상 참여는 김일성의 공산세력 주도 남북통일 공작에 이용당한 측면이 크다. 예나 지금이나 통일지상주의를 표방하는 감상적 민족주의자들은 공산당의 통일전선전술에 걸려들면 본의와는 상관없이 공산화통일을 도와주는 협력자로 이용당하게 마련이다.

김구 선생은 이처럼 대한민국 건국에 필요한 5·10선거를 저지하기 위해 남한 좌익세력 및 북한 공산정권과 연대하여 투쟁하는 과오를 범한 것에 그치지 않고, 대한민국이 건국된 후에도 대한민국을 부정하는 활동을 전개했다.

대한민국 건국을 위한 5·10선거가 성공리에 완료되자 김구 선생은 "선거가 부자유한 분위기 속에서 실시되었다"고 비방했다. 이승만 박사가 5월 31일 제헌국회 개원식에서 제헌국회에 의해 건립될 정부는 대한민국 임시정부를 계승한다고 천명하자 김구 선생은 "현재의 국회 형태로서는 대한민국 임시정부의 법통을 계승할 아무 조건도 없다"고 비판했다. 김구 선생은 1948년 7월에는 통일독립촉진회를 결성하고, 그해 가을 파리에서 개최되는 유엔총회에 통일독립촉진회 대표단을 파견하여 대한민국에 대한 유엔총회의 승인을 저지할 계획을 세웠다. 그 계획은 실행되지는 않았다.

1948년 8월 15일 온갖 역경을 극복하고 대한민국 정부가 수립된 것에 대해서도 김구 선생은 부정적 입장을 취했다. 정부 수립에 대한 감회를 묻는 기자의 질문에 김구 선생은 '오직 비통할 뿐이다'라고 말했다. 남북협상에 함께 참여했던 김규식 박사와 조소앙 선생이 대한민국 건국에 대해 긍정적인 입장을 천명한 것과 대조적이다. 김규식 박사는 "나 보기에는 불만한 감을 면치 못한다. 그러나 해방이 된 뒤에도 남의 군정통치에 지나던 것보다 일반민중의 생활문제라든지 급박한 경제난 등등이 점차 용해되기를 바란다"고 논평했다. 조소앙 선생은 "초보이지만 정부가 수립되었다는 것만이라도 유쾌하다"고 논평했다.

위에 서술한 김구 선생의 대한민국 건국 방해활동과 대한민국 부정 태도에 비추어볼 때, 김구 선생을 대한민국 '건국의 아버지'라거나 '대한민국의 국부'라고 칭송하는 것은 당치 않은 짓임이 분명하다. 김구 선생은 민족독립운동의 지도자로서는 누구보다도 높이 칭송되어야 하나, 대한민국 건국과 관련해서는 큰 과오를 범한 인물로 비판되어야 한다.

이 문제와 관련하여 짚고 넘어가야 할 남은 한 가지 사항이 있다. 그것은 김구 선생을 대한민국 건국의 아버지라고 칭송하는 사람들 중에 김구 선생이 대한민국 건국을 방해했고, 건국 후에도 대한민국의 정당성을 부정했던 사실을 잘 알면서도 그런 칭송을 하는 사람들이 상당히 많다는 점이다. 또한 그런 사람들 가운데 대한민국의 건국일이 1948년 8월 15일이 아니라 상해임시정부가 수립된 1919년 4월 13일(혹은 11일)이라고 주장하는 사람들이 많이 있다는 점이다. 이러한 점은 그들이 그런 당치 않은 주장을 하는 배경에 대한민국 건국을 방해하고 대한민국의 정당성을 부정한 김구 선생의 잘못된 관념이 영향을 미치고 있는 것이 아닌지 하는 의심을 갖게 만든다.

1945년 8월 15일, 우리 민족은 해방되었나, 광복되었나?

'광복'이란 용어의 역사

1945년 8월 15일은 우리 민족의 광복일인가, 해방일인가?

이 질문에 대답하려면 우선 광복과 해방의 정확한 의미
부터 파악해야 한다.

정치와 관련된 용어, 또는 정치적 용어는 그 용어에 들
어 있는 낱낱의 문자들의 의미를 기준으로 해서 의미를 파
악하려 해서는 안 된다. 정치와 관련된 용어란 실천적 용
어이기 때문에, 어떤 정치적 용어의 의미를 파악할 때는
그 용어가 현실에서 추구하는 실천의 내용을 기준으로 해

서 의미를 파악해야 한다. 다시 말해서 정치적 용어는 그 용어를 사용한 사람들이 그것의 실천적 의미를 무엇으로 생각했던가를 기준으로 그 의미를 파악해야 한다. 정치적 용어인 광복과 해방이란 용어의 정확한 의미도 그 용어를 사용했던 사람들이 어떤 실천적 의미로 그 용어를 사용했던가를 기준으로 해서 그 의미를 파악해야 한다.

광복이란 용어는 일상생활에서는 쓰이지 않는 용어이다. 정치적 용어로만, 그것도 독립운동과 관련해서만 극히 제한되게 사용되었다. 20세기 전반기에 정치와 관련된 용어로서 광복(光復)이란 용어를 사용한 사람들은 한국인과 중국인뿐이다. 광복은 적합한 외국어 번역어도 찾기 어려운 것으로 보인다. 우리나라의 한영사전은 광복을 과거에는 Independence로 번역하더니 요즈음엔 Liberation으로 번역하고 있다.

중국에서 '광복'이 사용된 것은 1930년대의 대만광복운동(臺灣光復運動)이다. 이때의 광복의 실천적 의미는 일본 지배하에 있는 대만을 중국영토로 원상회복하는 것이었다. 필자가 과문한 탓인지 모르겠으나 그 시기의 중국인들은 대만광복운동 이외에는 광복이란 용어를 별로 사용하지 않았던 것으로 보인다. 이에 반해 한국인들은 '광복(光復)'이란 용어를 상당히 많이 사용했다.

한국 독립운동가들 사이에서 광복이 사용되기 시작한 것은 1910년대부터였다. 1913년에는 경상북도 풍기에서 광복단이 결성되었고, 1915년에는 대구에서 광복단과 조선국권회복단이 통합하여 대한광복회가 결성되었다. 대한광복회는 비밀결사였다. 한때는 그 회원수가 200명에 달한 것으로 알려진다. 광복회는 1918년 1월 일제경찰에 조직이 발각되어 많은 회원들이 체포되고, 체포를 면한 회원들은 대부분 만주로 도피했다.

대한광복단 또는 광복회가 사용한 광복이란 '국권회복'의 은유적 표현이었다. 국권, 즉 국가의 주권과 빛은 어둠을 몰아낸다거나 생명과 활력을 지원하는 속성이 같다고 생각하여 국권의 회복을 광복이라 표현한 것이다. 1910년 대한제국이 일본에 강제합병되어 이 나라가 주권을 상실한 것을 암흑세상이 된 것으로 보고, 주권이 회복되는 것을 어둠이 사라진 광명 세상의 회복으로 생각했던 것이다. 광복은 국가주권을 회복하는 것이므로 사회과학의 통상적 용어로는 독립에 해당된다.

1920년부터 '광복'을 단체명에 사용한 독립군 단체가 만주에서도 등장했다. 1920년 2월 남만주에서 광복군사령부가 결성되었다. 남만주지역에서 활동하던 독립운동단체들의 연합체였다. 임시정부 직할 군사조직의 성격을 가졌고, 무장병력은 약 4,000명에 달했다. 광복군 사령부 병력은 국경을 넘어 한반도 북부로 들어가 일제 행정기관과 경찰 주재소 등을 습격했다. 1920년 겨울 일본군의 대규모 공세를 받아 광복군사령부는 기능이 마비되고 잔여병력은 산간벽지로 분산하였다. 병력이 분산되어 상호 간에 연락이 두절되자 잔여부대의 일부 병력이 광복군총영(光復軍總營)을 결성했다. 1922년 만주에 있는 독립군 각 부대가 대한통의부(大韓統義府)로 통합될 때 광복군총영을 비롯하여 각지에 분산되었던 독립운동단체들이 거의 모두 이에 흡수 통합되었다.

중국에서 활동했던 대한민국 임시정부 헌법에는 1925년에 공포된 제3차 헌법 이후 '광복' '광복운동자' '조국광복'이란 용어들이 자주 등장한다.

1937년에는 중국에 한국광복운동단체연합(광복진선)이 등장했다. 이 단체는 해외에서 활동 중인 우익진영의 독립운동단체들이 만든 연합체다. 1940년에는 한국광복군이 창설되었다. 광복군은 임시정부 산하의 군사조직이었다. 광복진선과 광복군이 자기들의 단체명에 광복을 사용한 것은 좌익진영의 항일운동세력이 민족'해방'이란 용어를 애용하는 데 대한 반발에서였다.

임시정부 인사들은 광복을 어떤 의미로 사용했던가? 임시정부의 문서들에서는 단 하나의 사례를 제외하고 광복은 독립과 동의어로 사용하고 있다. 단 하나의 예외는 1925년의 제3차 헌법 제32조에서 임시헌법의 효력시한을 '국토광복 후 1년 내'로 정한 것이다. 이 예외를 제외하면 임시정부의 구성원들이나 임시정부의 문서, 임시정부 주변 인사들의 언동 등에서 광복과 독립은 동의어로 사용되었다.

임시정부 구성원들이 광복을 독립과 동의어로 사용했다는 사실은 '광복'이란 용어를 단체명에 사용한 광복진선과 광복군의 선언문을 보면 매우 분명해진다. 한국광복운동단체연합(광복진선)의 선언문은 "우리 광복운동단체들은…… 우리나라 우리 민족의 자유 독립을 찾기까지 굳세게 싸워나가기를 이에 선언한다"고 천명했다. 한국광복

한국광복군총사령부 성립식. 1940년 9월 15일 중국 충칭(重慶)에서 거행된 한국 광복군총사령부 창설식. 광복군 창설식에 사용된 아치에 한국광복군의 영문 명칭이 Korean Independence Army로 표기되어 있다. 이는 곧 광복이 독립과 동의어임을 확인해준다.

군의 선언문은 "광복군은 중화민국 국민과 합작하여 우리 두 나라의 독립을 회복하고자 공동의 적인 일본 제국주의 자들을 타도하기 위하여 연합국의 일원으로 항전을 계속한다"고 천명했다. 그 광복 추구 단체들이 자기들의 목적을 독립이라고 선언했으므로, 단체명에 들어 있는 광복과 선언에 들어 있는 독립은 동의어라는 것이 확실해진다.

한편 한국광복군은 Korean Independence Army를 자기의 영문 명칭으로 사용했다. 이는 곧 광복이라는 단어의 영어 번역어가 Independence임을 분명히 한 것이다. Independence의 우리말 표준 번역어는 독립이다. 이러한 사실들은 독립운동가들이 광복＝Independence＝독립의 의미로 광복이란 용어를 사용했다는 점을 더는 의심할 수 없게 만든다.

광복과 독립은 동의어이지만, 전자는 주권의 '회복'에 방점을 두고 후자는 주권의 '확립'에 방점을 둔다는 뉘앙스의 차이가 있다. 주권의 회복이나 주권의 확립은 '주권을 보유한다'는 점에서 완전히 같은 것이지만, 주권보유를 과거의 회복으로 보느냐, 새로이 획득한 것으로 보느냐에 관한 의식의 차이가 있다. 우리 민족이 반만 년의 유구한 역사를 가졌으며, 독립은 잠시 빼앗긴 국권(국가의 주권)을 회복하는 것이라는 점을 강조하고 싶어 하는 인사들은 광복이란 용어를 선호했다. 반면에 국가가 이미 소멸되었으므로 주권은 새로 획득할 수밖에 없다고 생각하며, 국제사회에서 일반적으로 통용되는 용어를 사용하고자 하는 인사들은 독립이란 용어를 선호했다.

'해방'이란 용어의 역사와 의미

해방이란 용어는 광복이란 용어와 달리 정치적 용어로도 많이 사용되고 일상생활에서도 자주 사용되는 용어이다. 우리 민족 사이에서는 정치적 용어로 먼저 사용된 후 일반 용어로 사용되었다. 또 광복은 한국 독립운동가들이 조어 또는 차용한 용어인 데 반해 해방은 영어 단어 Liberation 의 번역어이다. 1920년 코민테른(Comintern: 공산주의자 인터내셔널) 제2차 대회가 피압박 민족의 해방을 지원하는 투쟁을 적극적으로 전개하기로 결의한 이후 우리 민족의 좌익 항일운동세력이 '민족해방' 혹은 '해방'이란 용어를 애용했고, 그에 뒤이어 일반인들도 그 용어를 약간씩 사용했다. '해방'을 일반인들이 널리 사용한 것은 1945년 8월 15일 이후부터이다.

정치적 용어로서의 해방은 사용자의 사상에 따라 상이한 의미를 가진다. 공산주의 사상을 가진 사람은 노동자계급과 피압박 민족에 대한 정치·사회·경제적 탄압과 착취가 모두 사라진 것을 뜻한다. 공산주의자들이 말하는 민족해방은 피압박 민족이 정치적 독립을 확보한 데 이어 독립

된 국가를 사회주의화하는 것까지를 의미하며, 노동해방
은 자본가계급과 그들의 제도를 타도하고 노동자계급의
독재가 실시되는 것을 의미한다.

공산주의자가 아닌 사람들, 특히 자유민주주의자들이
해방이라는 용어를 사용할 때 그것이 의미하는 바는 속박
이나 압제의 해소이다. 비공산주의자에게 있어서 민족해
방은 확대 정의하더라도 민족독립까지만을 의미한다.

국제정치상의 해방의 표준적 의미는 어떤 민족이나 국
가에 대한 다른 민족 또는 국가의 지배가 해소되는 것을
뜻한다. '독립'과는 구별된다. 식민지 지배를 받아온 민족
이 해방되면 대체로 주권을 확보하여 곧 독립되지만, 드물
게는 주권이 부여되지 않은 해방이 주어지는 경우도 있기
때문이다. 대체로 외국의 식민지 지배를 받던 피지배 민족
이 자기 힘으로 해방을 쟁취하면 '주권을 확보한 해방'(독
립을 동반하는 해방)이 되지만, 남의 힘에 의해 해방되면 '주권
미확보 해방'(독립을 동반하지 못한 해방)이 된다. 1945년 8월 15일
일본의 연합국에 대한 항복선언으로 우리 민족에게 주어
진 해방은 '주권 미확보 해방'이었다.

1945년 8월 15일 일본이 연합국에 항복함으로써 우리

민족이 얻게 된 것을 '해방'이라고 최초로 정의해준 것은 소련이다. 소련은 1945년 8월 15일(일설에는 8월 20일)에 발표된 북한진주 소련군 사령관 치스차코프의 포고문에서 '소련군은 해방군으로 조선에 왔으며, 이제 조선인민은 해방되었다'고 선언했다.

일본의 항복으로 우리 민족이 얻게 된 것이 해방이라는 점을 두 번째로 정의해준 것은 임시정부의 주도 정당인 한독당이었다. 한독당은 1945년 8월 28일 중국에서 발표한 선언에서 "현하 왜적은 붕괴되었다. 우리의 조국은 동맹국의 우의적 협조하에 해방되고 있다"고 말했다. 이어서 "이에 본당은 원수 일본의 모든 침탈세력을 박멸하여 국토와 주권을 완전 광복하고 정치, 경제, 교육 균등을 기초로 한 신민주국을 건설하여……"라고 말했다. 1945년 8월 15일 일본의 항복으로 한반도에서 해방이 진행 중이며, 한독당은 앞으로 국토와 주권을 완전 광복하고 신민주국가를 건설할 계획임을 밝힌 것이다.

그로부터 1주일이 지난 1945년 9월 3일 임정 주석이자 한독당 당수인 김구는 당시 한반도에서 진행 중인 것이 해방이고 독립은 앞으로 이룩할 일이라는 점을 재확인했다.

김구의 성명은 '조국의 해방을 안전에 목도하면서' '조국의 독립을 안전에 전망하고 있는 이때에' 등과 같은 어구를 사용, 그 시점에 한반도에서 진행되고 있는 것이 해방이고 독립은 미래에 이루어질 사항이라는 점을 확인해주었다.

1945년 8월 15일은 해방이란 인식의 일반화

필자는 국사편찬위원회 발행 『자료 대한민국사』에 수록된 1945년 8월 15일부터 9월 15일까지의 1개월간의 신문기사들 가운데 해방과 광복을 언급한 정당 및 사회단체의 성명 또는 선언을 모두 검색해봤다. 그 결과, 총 10건의 기사를 발견했다. 그중 단 1개, 즉 한국민주당(한민당) 준비위원회가 발표한 발기선언만 1945년 8월 15일 한국인이 경험한 사건의 성격을 '광복성취'로 선언했으며, 나머지 9건은 한결같이 1945년 8월 15일에 일어난 사건을 '해방'이라고 기술했다. 광복은 독립, 주권의 회복을 말하는 것인데, 1945년 8월 15일 일본의 항복으로 조선이 얻은 것은 독립

해방을 환호하는 군중. 해방 직후 군중이 서울의 거리로 쏟아져 나와 해방을 환호하고 있다. 1945년부터 1949년까지의 기간 중 우리나라 사람들은 1945년 8·15에 이루어진 일이 해방이라는 사실을 모두가 잘 알고 있었다. 그때는 1945년 8·15를 일사불란하게 '해방'이라고 불렀고, '광복'이라고 부르는 일이 없었다.

성취 혹은 주권국가 건립이 아니었기 때문이다.

1945년 8월 15일에 있었던 일본의 항복은 한반도에 대한 미국과 소련의 분할점령과 연결된 것이었기 때문에 이것이 곧 우리 민족의 독립이 아니라는 점은 분명했다. 따라서 우리 민족의 정치지도자들과 대중은 일본의 항복으로 인해 우리 민족이 얻게 된 정치적 상황을 해방으로 이해했다. 일본의 우리 민족에 대한 지배가 소멸되었다는 뜻에서였다.

한민당 준비위원회 구성원들과 같은 독립운동과 거리가 먼 정치인들만이 광복과 독립이 동의어라는 사실을 알지 못한 채, 일본으로부터의 해방을 광복으로 잘못 표현했다. 그러나 이러한 잘못된 용어 사용은 곧 사라졌고, 1945년 8월 15일에 우리 민족에게 발생한 사건은 '일본의 식민지 지배로부터의 해방'이라는 인식이 우리 민족 전체에 일반화되었다.

1945년 8월 15일에 우리 민족에게 주어진 것이 '독립'이 아니라, 단지 '일제의 식민지 지배로부터의 해방'이 된 것이라는 점은 1943년 12월에 발표된 카이로 선언의 한국 관련 문장에서 이미 예고되었다. 카이로 선언의 한국 관련 문장은 "위의 3대국(미·영·중)은 조선인민이 노예상태에 있음을 유념하여, 조선을 적당한 절차를 거쳐서 독립시키기로 결정했다"고 천명했다. 이 문장은 일본이 항복하더라도 조선을 일본의 항복과 동시에 독립시키지는 않겠다는 뜻이었다.

남조선주둔 미군최고지휘관 하지 중장은 1945년 9월 12일 치안·문화단체대표를 초청해놓고, 미군의 역할에 관해 다음과 같이 설명했다.

"연합군〔미군〕은 조선에 독립을 주기 위하여 진주해 왔다. 이 연합군의 뜻을 다하기 위하여 조선 대중을 대표한 제위의 절대한 협조와 자중을 바라 마지않는 바이다. ……카이로 회담에서 조선의 독립은 적당한 시기에 이루게 하겠다고 언약하였다. 독립은 하루이틀에 되는 것도 아니고 수 주일에 되는 것도 아니다."

하지의 발언은 1945년 8·15가 해방의 날이지 독립의 날이 아님을 직설적으로 재확인해준 것이다.

1949년까지는 1945년 8월 15일에 일어난 사건이 우리 민족의 광복이나 독립이 아닌 해방이었다는 점이 실상대로 우리 민족 구성원들 사이에서 보편적으로 인식되고 있었다. 그러한 사실은 1946년 이후 1949년까지 매년 해방 기념일을 맞이하여 정치지도자와 정당들이 발표한 성명이나 기념식에서 발표된 기념식 연설 등에서 반복해서 확인되었다. 그 기간 중 1945년 8·15를 '광복의 날'이라고 잘못 표현하는 정치 지도자나 정당은 단 하나도 없었다.

광복절 제정 이후 해방과 광복의 용어사용혼란

'광복'이라는 용어가 1945년 8월 15일에 발생한 사건을 묘사하는 용어로 사용되기 시작한 것은 아이러니컬하게도 1948년 8월 15일을 기념하는 국경일로 광복절이 지정된 이후부터이다. 행정부는 1949년 6월 초 국경일에 관한 법률 초안을 작성하여 국회에 제출했다. 행정부가 제안한 국경일법 초안을 이유 없이 깔아뭉개고 있던 국회는 9월 21일에야 그 법을 통과시켜주었다. 국회는 국경일법을 통과시켜주면서 초안의 헌법공포 기념일을 제헌절로, 독립기념일을 광복절로 수정했다. 당시 광복은 곧 독립을 의미한다는 점이 정계의 상식이었기 때문에 독립기념일을 광복절로 수정한 것에 대해 행정부는 이의를 제기하지 않고 수용했다.

1945년 8월 15일의 사건을 '광복'으로 생각하는 오류는 신문들의 광복절 기념식에 대한 오보에서 비롯되었다. 이러한 오보는 1950년 8월 15일 대구의 한 극장에서 초라하게 거행된 제2회 광복절 기념식을 보도한 「대구매일신문」의 오보에서부터 시작되었다. '광복절'이라는 명칭으로 거행되는 최초의 기념식이자 제2회 광복절(광복 2주년)이 되는 1950년 8월 15일의 기념식은 전란 속에서 거행되었다. 다 아는 바와 같이, 1950년 6월 25일 6·25전쟁이 발발했기 때문이다. 1948년 8월 15일 대한민국이 미군정으로부터 독립했으므로, 제1회 광복절은 1949년 8월 15일이 된다. 그러나 1949년 8월 15일에는 국경일법이 제정되지 않아서 행정부의 생각대로 '독립 1주년 기념식'을 거행했다.

1950년 8·15기념식을 거행함에 있어서 행정부는 제2회 광복절 기념식이라 명기했고, 대통령 기념사도 '금년 8·15 경축일은 민국독립 제2회 기념일'이라고 분명히 밝혔다. 그러나 중앙정부 거행 제2회 광복절 기념식을 현지 보도한 유일한 신문인 「대구매일신문」은 광복절 기념식을 보도하면서 '제6회 광복절 기념식'이라고 오보했다. 해방 연도인 1945년에서 기산한다는 것이 5가 아닌 6으로 착각한 오보였다.

광복 3주년이자 해방 6주년인 1951년 8·15기념식은 전국적으로 광복절 경축 겸 남북통일 전취 국민총궐기대회로 거행되었다. 역시 전란 중이라 이 기념식의 보도 또한 부정확하게 행해졌다. 행정부는 분명히 제3회 광복절이라 표기하고 대통령 기념사 역시 독립 3주년이라고 명시했지만, 신문들은 제6회 광복절로 보도했다. 행정부는 1954년 8·15기념식 때부터 신문보도의 광복절 횟수 계산을 추종하여 광복절 기념식의 횟수를 계산하는 데 1945년을 기준으로 삼기 시작했다. 이렇게 해서 1948년 독립을 기념하는 국경일로 제정되었던 광복절은 1945년 해방을 기념하는 국경일로 둔갑해버린 것이다. 광복절이 1945년 해방을 기념하는 국경일로 둔갑되면서 광복의 의미도 원래의 독립에서 해방으로 왜곡되었다.

광복절이 1945년 8·15해방을 기념하는 날로 왜곡된 후에도 1945년 8·15는 '광복'보다는 '해방'으로 표기되는 사례가 많았다. 특히 학계에서는 해방이 주로 사용되었다. 그러던 것이 반공 분위기가 강화되면서 해방보다 광복을 더 많이 사용하는 쪽으로 추세가 변했다. 앞서 말한 바와 같이 '해방'은 '민족해방'이란 용어와 함께 공산주의자들이 도입한 용어이며, 1945년 8·15 전에는 항일독립운동 세력 중 좌익들이 주로 선호하는 용어였다. 반면에 우익은 독립과 광복을 선호했다. 그런 반공의식이 작용하여 광복이 해방과 같은 의미로 왜곡된 후 반공성향이 강한 사람들은 1945년 8·15를 광복이라고 말하기를 좋아했고, 좌익 성향이 강한 사람들은 해방이라고 말하기를 좋아했다.

학술적인 논저 등에서는 용어의 보다 정확한 의미를 살려서 1945년 8·15를 해방이라고 말하는 경향이 강했다. 5공 정권 시기인 1982년에 교과서에서 1945년 8·15를 기술할 때 광복으로 기술하도록 지시되었다. 이렇게 해서 1945년 8월 15일 우리 민족에게 주어진 것을 '해방'이 아닌 '광복'으로 착각하는 것이 보편화되었다. 착각의 보편화는 무서운 집단 정신질환이다. 모두가 착각에 빠져 있으니 누구도 착각을 바로잡자고 문제제기를 하지 않게 되며, 그 결과 보편화된 착각은 영속하게 된다.

원래 독립·건국과 동의어였던 광복이 해방과 동의어로 왜곡되고, 광복에서 독립·건국의 의미가 삭탈된 오늘의 상황은 항일독립운동 과정에서 정립된 광복과 해방의 정확한 의미와는 부합하지 않는 억지요 변괴다. 역사인식을 바로 하려면, 사리에 어긋나는 이런 억지와 변괴를 반드시 바로잡아야 할 것이다. 착각의 보편화라는 이 나라 국민의 집단 정신질환을 치유하기 위해서라도 이런 억지와 변괴는 조속히 바로잡아야 한다.

광복절을
정상화하자

1945년 기산 광복절 횟수표기는 위법

정부를 선두로 해서 모든 공공기관과 언론매체 들은 광복절을 1945년 8월 15일 우리 민족이 일제로부터 해방된 것을 기념하는 국경일로 착각하고 있다. 그래서 매년 광복절 기념식 횟수를 계산할 때 1945년부터 기산하는 오류를 범한다.

광복절을 1945년 8월 15일을 기념하는 국경일로 착각한 것이나, 광복절 횟수를 1945년에서 기산하는 것은 국경일에 관한 법률을 위반한 것이다. 국경일법은 광복절을

1948년 8월 15일에 이루어진 대한민국 독립을 기념하기 위한 국경일로 정했기 때문이다.

대한민국의 초대 대통령 이승만 박사가 이끄는 행정부는 1949년 5월 하순 국무회의에서 '국경일에 관한 법률안'을 확정했다. 이날 확정된 국경일법의 내용은 다음과 같다.

"제1조 국가의 경사로운 날을 기념하기 위하여 국경일을 정한다.

제2조 국경일은 좌(左)와 같다.

삼일절 3월 1일

헌법공포기념일 7월 17일

독립기념일 8월 15일

개천절 10월 3일

제3조 국경일에는 각 관공서 학교 단체는 그날에 적합한 식을 거행해야 한다."

행정부는 이상과 같은 국경일법 초안을 6월 초 국회에 제출했다. 당시 이승만 행정부는 국회가 이 법안을 곧장 통과시켜주어서 7월 17일 헌법공포기념일부터는 법률에 의거하여 국경일 기념식을 거행할 수 있게 되기를 희망했다. 그러나 국회는 행정부의 희망과는 달리 국경일법을 깔아뭉갠 채 통과시켜주지 않았다. 국경일법은 달랑 3개 조문으로 구성된 간단한 법률이어서 심의에 시간이 걸릴 이유가 전무한 것이었다. 당시 행정부와 국회는 매우 좋지 않은 관계에 놓여 있어서 국회가 몽니를 부린 것이다.

국회는 8월이 되어도 국경일법을 통과시켜주지 않았다. 그러자 행정부는 국경일법 초안대로 '대한민국 독립 1주년 기념식'을 거행했다. 국회는 행정부가 독립 1주년 기념식을 거행한 지 1개월 정도 지난 9월 하순에야 국경일법을 통과시켰다. 국회는 국경일법을 통과시키면서 행정부가 이미 기념식을 거행한 헌법공포기념일과 독립기념일을 제헌절과 광복절로 수정했다. 행정부를 골탕 먹이려는 국회의 의도가 드러나는 처사였다.

행정부는 국회의 이러한 수정에 대해 어떻게 반응할 것인지를 놓고 고민하다가 수용하기로 결정했다(이승만 대통령은 이처럼 수정된 국경일법을 10월 1일 공포했다.). 제헌절은 초안의 헌법공포기념일과 실질적인 의미 차이가 없고, '광복'은 당시 '독립'과 호환적으로 사용되는 동의어였기 때문이다. 제헌절과 헌법공포기념일은 실질적 의미에 차이가 없다는 점은 설명이 필요 없다. 그러나 당시 '광복'과 '독립'이 호환적 동의어라는 점을 이해하기 위해서는 두 단어의 의미를 정확하게 알 필요가 있다.

국권(주권)회복, 독립의 의미로 사용되어온 '광복'

'광복'이란 용어는 앞에서 서술한 대로 1910년대부터 독립운동가들 사이에서 사용되기 시작했다. 1910년대 독립운동가들은 광복이란 용어를 '국권회복'의 은유적 표현으로 사용했다. 국권, 즉 국가의 주권과 빛은 어둠을 몰아낸다거나 생명과 활력을 지원하는 속성이 같다고 생각하여 국권의 회복을 광복이라 표현한 것이다. 1910년 대한제국이 일본에 강제합병되어 이 나라가 주권을 상실한 것을 암흑세상이 된 것으로 보고, 주권이 회복되는 것을 어둠이 사라진 광명 세상의 회복으로 생각했던 것이다.

1920년대~1940년대에 독립운동가들, 특히 임시정부 인사들은 '광복'을 '독립'과 동일한 의미로 사용했다.

그러한 사실은 1940년에 창설된 한국광복군이 자기의 영문 명칭을 Korean Independence Army로 번역한 데 서 쉽게 확인된다. 광복의 영문 번역이 Independence이 고, Independence의 우리말 표준 번역어가 독립이기 때 문이다.

1945년 해방부터 1949년까지의 기간 중 남한의 정치인 들은 '광복'이란 용어를 '해방'이란 용어와 엄격히 구분해 서 사용했다. '해방'은 1945년 8·15를 가리키는 용어였고, '광복'은 '독립'을 의미하는 용어로 사용했다. 예를 들면, 이승만 박사가 1946년 6월 29일에 결성한 민족통일총본 부는 그들이 발표한 '민족통일선언'에서 "광복대업을 완 성하기에 민족통일이 최요(最要)이니"라고 서술했다. 이러 한 서술은 '광복대업'이 아직 이루어지지 않은 과제임을 말해준다. 한편 이승만은 민족통일본부 결성과 관련한 기 자회견에서 "작년에 귀국한 후…… 각 정당과 사회단체 로 72단체 대표가 주의 주장을 초월하고 광복사업에 합력 코자 독립촉성중앙협의회를 결성하고……"라고 말했다. 이 말은 독립촉성협의회가 광복사업을 위한 단체임을 의 미하고 광복과 독립이 같은 뜻임을 알려준다.

또한 남한의 정치지도자들과 정당들은 1946년과 1947년에 1945년 8월 15일의 이벤트를 기념하는 군중행사를 거행하면서 기념식의 명칭을 일관되게 '해방기념식'이라 했다. 어느 누구도 광복기념식이나 독립기념식이라 호칭하지 않았다. 이승만·김구 등 정치지도자들은 해방기념일을 맞이할 때마다 민족이 단결하여 국권회복(광복)＝독립을 앞당기자는 담화를 발표했다.

광복을 독립과 같은 의미로 사용하고 해방과는 다른 의미로 사용하는 용어법은 대한민국 건국 직후에도 지속되었다. 대한민국 건국 직후 정치인과 정당 및 언론기관이 광복이라는 용어를 독립 및 건국과 같은 의미로 사용했다는 사실은 1949년 8월 15일 '대한민국 독립 1주년'을 맞이하여 발표된 대통령의 기념사, 정당 혹은 정당 지도자들의 담화, 그리고 신문기사들이 거듭 확인해준다.

이승만 대통령은 이날 기념사에서 "민국 건설 제1회 기념일인 오늘을 우리는 제4회 해방일과 같이 경축하게 된 것입니다. ……우리 광복의 기쁨을 축하하는 기쁨은 이북 동포들이 우리와 같이 다시금 완전히 합동되기 전에는 충분한 기쁨이 못 될 것입니다"라고 말했다. 이 기념사는 건국(민국 건설)은 광복과 동일하고 해방과 다르다는 것을 말해주고 있다.

우익진영 대표정당인 민주국민당의 김성수 당수는 독립기념일에 즈음하여 발표한 담화에서 "금 8월 15일은 일제로부터 해방한 지 만 4주년이 되고 대한민국의 독립을 세계에 선포한 지 1주년이 된다"고 말하여 해방과 독립은 판이한 것이고, 정부수립 기념식 거행이 독립선포와 동일한 의미를 가진 것으로 인식하고 있음을 말해주었다.

온건좌익 정당인 사회당(당수: 조소앙)은 독립기념일 담화에서 "8·15 이날은…… 우리 민족 해방 4주년 기념이요, 우리 대한민국 독립 1주년 기념이다"라고 천명하여 해방과 독립은 다르고 1948년 정부수립이 대한민국의 독립을 뜻하는 것으로 인식하고 있음을 확인해주었다.

중도파 단체인 신생회 대표 안재홍은 대한민국 건국에 불참했음에도 불구하고, 1948년 8월 15일 이후 1년간의 대한민국의 업적을 높이 평가하는 담화를 발표했다. 안재홍의 담화내용은 다음과 같다.

"대한민국은 진정한 민주주의 민족통일 독립국가의 기업

(基業)으로서 그 강화완성이 요청되고 있다. 건립 1주년에

그 업적은 경이(驚異)함 직하다. ……국권강화의 실적이

있어 동서 15개국의 정식 승인을 받게까지 된 것은 경이라

고 함이 타당하고 이 점 경하할 일이다. ……현하 한국의

사태 여러모로 다난(多難)한 것은 차라리 당연하다. 분열대

립과 커다란 국제제약과 허다한 빈곤 속에 이러한 1년간의

업적은 높게 평가됨이 타당하다."

안재홍의 담화는 '건립 1주년'이라는 표현을 사용하여

대한민국이 1년 전인 1948년 8월 15일에 건립, 즉 건국되

었음을 확인해준다.

「경향신문」은 1949년 8월 15일 '건국 1주년 기념 문화

인 좌담회' 기사를 보도했고, 8월 16일 대한민국 독립 1주

년 기념식과 시가지 풍경을 보도하면서 '독립 1주년' '건

국 1주년' '정부수립 1주년' '광복 돌맞이날(광복 1주년)' 등

을 호환적 동의어로 사용했다.

위에 예시한 정치지도자들의 담화나 신문 기사 등은

1949년까지는 이 나라의 정계와 언론계가 다 같이 독립＝

광복＝건국을 실천적 의미가 동일한 용어로, 해방은 그 세

용어와는 실천적 의미가 다른 용어로 사용했음을 입증해
준다.

이러한 용어 사용은 이론적으로도 타당하다. 건국은 주
권국가의 건립이고, 독립은 국가 주권의 확립이며, 광복
은 국가주권의 회복을 뜻하는 것이므로 세 용어는 모두 국
가가 주권을 보유하고 있는 상태를 나타낸다는 점에서 동
의어임이 분명하다. 반면에 해방의 평균적 의미는 외세의
지배로부터 벗어났으나 주권은 아직 확보하지 못한 상태
를 지칭하는 것이니 앞의 세 단어와 의미가 다르다. 1945년
8월에 해방된 한반도는 미·소점령군이 분할 점령했고, 남
한 지역의 주권(통치권)은 남한 지역을 점령한 미군의 수중
에 있었고, 북한지역의 주권은 북한점령 소련군의 수중에
있었다. 우리 민족의 주권이 회복되는 광복=독립은 이로
부터 3년 후에야 이루어졌다.

언론의 오보에서 시작된 광복절의 왜곡

국경일법과 '광복'의 의미에 비추어볼 때 광복절은 1948년

8월 15일 대한민국의 광복＝독립＝건국을 기념하는 국경일로 제정된 것임이 확실하다. 또한 국회가 국경일법을 통과시키면서 행정부가 제출한 초안의 독립기념일을 광복절로 변경하는 것을 주도했던 국회의원의 진술에서도 광복절이 1948년의 대한민국 독립을 기념하는 국경일임이 분명하게 확인된다. 즉 이러한 수정에 앞장섰던 백관수 의원은 국회토론에서 "(초안의) 독립기념일에 대해서는 광복절이라고 명칭을 변경하자"는 취지라고 설명했다. 다시 말해서 1948년 8월 15일에 이루어진 대한민국의 독립을 기념하되 그 국경일의 명칭을 독립기념일이 아닌 광복절로 하자는 뜻이다. 바꾸어 말하자면 1948년 8·15를 광복절로 기념하자는 뜻이다.

따라서 매년 광복절을 기념함에 있어서 그 횟수를 1948년부터 기산해야 국경일법을 준수한 것이 된다. 예를 들면, 2015년 광복절은 제67회 광복절이 되어야 하는 것이다. 법률과 이치가 이러함에도 불구하고 정부와 모든 언론매체와 학술·문화단체 들은 2015년 광복절을 제70회 광복절로 기념했다. 국경일법을 위반한 것이다. 이 나라의 역대 행정부와 정당과 언론매체들은 오래전부터 이런 위법과 비리를 자행해왔다. 이러한 위법과 비리는 광복절의 의미에 대한 착각과 왜곡에서 비롯된다.

광복절의 왜곡은 국경일법이 제정된 후 최초의 광복절 기념식인 1950년의 제2회 광복절 기념식에 관한 신문보도에서부터 싹트기 시작했다. 제2회 광복절은 6·25전쟁으로 인해 정부가 피난 가 있던 대구 시내에 있는 문화극장에서 초라하게 거행되었다. 정부는 기념식의 명칭을 '제2회 광복절'로 거행했다. 그러나 이날의 기념식을 현지 보도한 전국 유일의 신문인 「대구매일신문」은 1950년 8월 16일자 보도에서 15일의 기념식을 '6회 광복절 기념식, 이 대통령 임석하 성료'라는 제목으로 보도했다. 기사 본문에서는 이날의 기념식을 "대한민국 독립 2주년 기념일인 동시에 제6회 광복절의 기념식"이라고 잘못 보도했다.

이날 광복절 기념식 기사를 작성한 기자는 1949년 가을에 제정된 국경일법을 전혀 알지 못했던 같다. 광복절이 독립기념일의 변경된 명칭인 것을 알지 못했고, 또 광복절을 해방을 기념하는 국경일로 착각한 데 더하여 그 횟수 계산마저 5회를 6회로 틀리게 해서 보도했다.

「대구매일신문」 기자의 이러한 오류는 이날 기념사를

한 대통령 이하 고위공무원들의 오류와도 연관이 있다. 이 날 기념식에서 연설을 한 공무원들 가운데 이날을 '제2회 광복절'이라고 명료하게 말한 사람은 단 한 명도 없었다.

이 대통령부터 '금년 8·15 경축일은 민국 독립 제2회 기념일'이라고 말했다. 신익희 국회의장은 이날을 '대한민국 독립 2주년 기념일'이라고 말했으며, 개회사를 한 허 대구시장도 '대한민국 독립 제2주년 기념일'이라고 말했다. 별도로 광복절 기념사를 발표한 조재천 경북도지사는 이날을 '우리 겨레가 일제의 속박으로부터 해방된 경사스러운 날'이라고 말했다.

피난 수도 대구에서 1950년의 광복절과 관련하여 정확한 명칭과 횟수를 명기하여 기념사를 발표한 행정부 고관은 조병옥 내무장관뿐이었다. 조병옥은 「대구매일신문」 8월 15일자에 보도된 '내무장관의 해방 5주년 광복절 2주년 기념사'라는 제목의 기사에서 다음과 같이 말했다.

"금년 8월 15일은 해방 후 5주년이 되는 날이요 대한민국이 탄생한 지 두 돌이 되는 거룩한 날이다. 이날은 우리가 거족적으로 기쁘게 맞이할 날이거늘 우리는 도리어 침통한

심경으로 이날을 기념하게 되었다. 제1주년 광복절에는 국토를 찾지 못하고서 붙잡힌 북방의 900만 동포를 구출하지 못한 것이 우리의 원한이었던 것이다. 그러나 오늘날을 기념함에 당하여는 이 원한은 고사하고 그 외에 최대의 민족적 비극이 직면하고 있다. 만고역적 김일성 도배가 반기를 든 뒤 피로써 이 강산은 물들었고 불로써 이 나라의 부가 파괴되고 있다."

조병옥은 기념사 제목에서 1950년 8월 15일이 '해방 5주년 광복절 2주년'이라고 정확히 표기했고, '금년 8월 15일은 대한민국이 탄생한 지 두 돌이 되는 거룩한 날'이라고 말했으며, 1년 전인 1949년 8월 15일의 독립기념일 기념식을 '제1주년 광복절'이라고 표현함으로써, 1950년 8·15가 광복절 제2주년이며, 광복절이 대한민국 탄생을 기념하는 날임을 확인해주었다. 광복절 기념식에서 식사를 발표한 이 대통령과 신 국회의장 및 조병옥의 이러한 성명 내용은 당시 행정부와 정치권이 국경일 명칭으로서의 '독립기념일'과 '광복절'을 동일한 의미로 사용했음을 확인해준다.

전체적으로 볼 때, 국경일법은 공포는 되었으나 제대로 홍보되지 않았던 것 같다. 일반국민에게는 물론이고 고위 공무원들에게도 제대로 홍보되지 않았던 것 같다. 1949년 10월부터 1950년 6월까지 대한민국 사회는 정파 간의 정쟁과 농지개혁논쟁과 국회의원선거 등으로 인해 매우 혼란스러웠다. 혼란 시기에 신문에 1단짜리 토막 기사로 짤막하게 보도된 것으로 그친 국경일법과 광복절이 공무원과 일반 국민에게 제대로 알려지기 어려웠을 것이다.

　국경일법이나 광복절에 관한 홍보가 제대로 되지 않은 상황에서, 게다가 광복절 기념식에 참석하여 식사를 하거나 사회를 본 정부의 고위직자들이 모두 '광복절'이란 용어도 사용하지 않은 상황에서('제2회 광복절'을 확실하게 명시한 조병옥 내무장관의 광복절 기념사는 광복절 기념식이 거행되기 전인 15일 조간에 보도되었다) 공무원도 아닌 신문기자들이 국경일법과 광복절에 관한 지식을 많이 가지고 광복절에 관한 기사를 정확하게 보도하기를 기대하는 것은 무리이다.

　홍보부족으로 인해 앞서 언급한 「대구매일신문」을 비롯하여 이 나라 신문기자들은 광복절 관련 기사를 보도하는 데 광복절의 의미를 자기들 멋대로 1945년 해방을 기념하는 날로 생각하면서 보도했던 것이다.

광복절 왜곡 범법행위에 행정부 동참

1951년 8·15를 맞이하여 정부는 임시수도 부산에 소재하는 경남도청 구내 국회의사당에서 제3회 광복절 기념식을 거행했다. 전국의 모든 신문들은 제6회 광복절 기념행사들이 거행되었다고 보도했다. 「동아일보」는 1945년 8월 15일을 '해방과 광복의 날'이라고 말하여 광복절이 해방을 기념하는 국경일인 것처럼 보도했다. 「서울신문」은 '일제의 악독한 쇠사슬이 풀어진 지 여섯 번째 맞이하는 광복절'이라고 보도했다. 이승만 행정부는 이상하게도 신문들의 이러한 오보를 시정하려는 노력을 하지 않았다. 긴급하고 중대한 일이 많은 전란 중이라서 국경일 횟수를 잘못 보도한 것 정도는 하찮은 것으로 생각되었을 수도 있다.

돌이켜보면, 광복절에 관한 오늘날의 혼선은 이승만 행

정부의 몇 가지 부작위(不作爲)에서 비롯되었다. 첫 번째 부작위는 국회를 설득하여 국경일법을 1949년 8월 15일 이전에 제정하도록 했어야 했는데 그렇게 하지 못한 점이다. 1949년 8월 15일 이전에 국경일법이 제정되고 그 국경일법에 따라 1949년 8·15기념식을 거행했더라면 1950년 8·15기념행사는 1949년 8·15행사 명칭에 제2회를 붙이기만 하면 되는 것이며, 혼선을 빚을 여지가 없었을 것이다. 1949년 8·15를 독립기념일로 기념했는데 다음 해 8·15를 광복절로 기념하게 되니 일반 국민은 물론이고 신문기자들도 착각하기가 쉬웠던 것이다.

두 번째 부작위는 기왕에 1949년 8월 15일 독립기념 1주년 기념식을 거행했으므로 국회를 설득하여 1948년 8·15를 기념하는 국경일을 행정부 측 초안대로 독립기념일로 제정하도록 했어야 했는데 그런 노력을 하지 않은 것이다.

세 번째 부작위는 국회가 독립기념일을 광복절로 바꾸어 국경일법을 제정한 것을 수용했으면, 광복절이 1948년 8·15를 기념하는 국경일이며, 1949년에 거행된 독립기념일과 동일한 기념일임을 널리 홍보했어야 했는데 그렇게 하지 않은 점이다. 정계의 언어관행이 독립과 광복을 호환적 동의어로 사용했다 하더라도 일반 국민은 그것을 정확히 알지 못했다. 대통령의 기념사에서부터 정부의 광복절 관련 문건들에 이르기까지 1948년부터 기산한 광복절 횟수를 명기했어야 하는데, 1950년 제2회 광복절 기념식에서 보는 바와 같이 광복 2주년이라는 표현 대신 '민국 독립 2주년' '대한민국 독립 2주년' 등을 사용했으니, 광복은 독립이 아닌 다른 의미를 가진 것으로 착각하기 쉽게 만들었다.

네 번째 부작위는 아무리 전란 중이라 하더라도 국경일 횟수를 잘못 계산한 신문들의 오보는 바로잡도록 해야 하는데 그것을 방치한 점이다.

행정부의 이러한 부작위로 인해 광복절을 독립기념 국경일이 아닌 해방기념 국경일로 왜곡시키는 언론의 관행이 굳어져갔다. 공교롭게도 1952년과 1953년의 광복절 기념식에서는 그 횟수 계산을 신문이 독점하게 되었다. 정부는 이승만 개인숭배 풍조 조장을 위해 1952년에는 '대통령 취임식 및 광복절 기념식'으로, 1953년에는 '광복절 및 대통령 재취임 1주년 기념식'으로 의식을 거행했다. 광복절 횟수를 명시하지 않은 것이다.

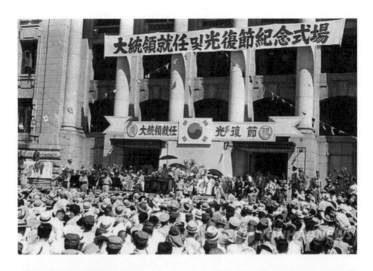

대통령 취임과 광복절을 함께 기념. 1952년 8월 15일 이승만 행정부는 이 대통령의 제2대 대통령 취임을 거창하게 기념하기 위해 대통령 취임식과 광복절 기념식을 동시에 거행했다. 행정부는 이런 합동 경축식을 거행하는 데 대통령 취임식을 광복절보다 비중 크게 경축했기 때문에 광복절 횟수를 표기하지 않았다.

그 두 해 동안 신문은 1950년과 1951년의 보도 관행에 따라 1952년에는 제7회 광복절, 1953년에는 제8회 광복절로 광복절 횟수를 일방적으로 계산하여 보도했다. 신문들은 광복절 횟수 계산에 오류를 범하면서, 광복절의 의미도 그 잘못된 횟수 계산에 부합하도록 왜곡했다. 광복절 횟수를 1945년에서 기산했으므로, 광복절을 1945년 8월

15일에 일어난 해방을 기념하는 국경일이라고 확정해버린 것이다. 「동아일보」의 보도를 보면, 1952년 8·15까지 '대한민국 정부 수립 이래 네 번째 광복절이고 해방 후 일곱 번째의 광복절'이라고 말하여 광복절과 정부수립 간의 연관성을 어느 정도 유지하다가, 1953년 8·15에서는 "오늘은 해방절이다. 여덟 번째 맞는 해방절이다"라고 단정적으로 보도했다. 광복절을 해방기념일로 단정하면서 그 명칭조차 '해방절'로 바꿔 부른 것이다.

행정부는 1954년부터 광복절 기념식의 횟수 표시를 재개하면서 신문들의 횟수 계산을 추종하여 1945년을 기산 연도로 삼아 제9회 광복절이라 했다. 이는 '1948년의 광복=독립=건국을 경축하는 국경일'인 광복절을 '1945년의 해방을 경축하는 국경일'로 왜곡시켜온 언론의 착각과 오류, 그리고 국경일법 위반에 행정부가 동참한 것을 뜻한다. 이때부터 광복절 횟수는 1945년부터 기산하는 것으로 고정되고 대한민국의 독립=건국을 기념하는 일은 대통령의 광복절 기념사에서만 언급되었다.

1960년 4월 혁명 이후에는 이승만 대통령에 대한 비판이 대한민국 정부수립(곧, 대한민국의 건국=독립)에 대한 비판

적 시각으로까지 확대되어 광복절 기념사에서 건국의 의
의를 언급하던 관행마저 사라졌다. 그에 따라 독립=건국
을 기념하는 국경일로 제정되었던 광복절은 100% 해방
을 기념하는 국경일로 변질되었고, 독립을 의미했던 광복
의 어의도 우물쭈물 해방과 같은 뜻으로 왜곡되었다. 세월
이 가면서 대통령들의 광복절 기념사에서마저도 '독립'과
'건국'이라는 용어는 '정부수립'으로 대체되었다. 이러한
현상은 이명박 행정부까지 계속되었다.

생일잔치 안 하고 회임일잔치 하는
이상한 나라, 대한민국

1948년의 광복=독립=건국을 경축하는 광복절을 1945
년의 해방을 경축하는 국경일로 기념한다는 것은 국경일
법을 위반하는 것은 물론이고 상식에도 맞지 않은 해괴한
짓이다. 대한민국이 최고등급 국경일로 1948년의 광복=
독립=건국을 기념하지 않고 대한민국 건국활동이 시작된
1945년의 해방을 기념한다는 것은 인간에 비유하자면 사

람이 출생한 생일 축하잔치는 하지 않고 임신이 이루어진 회임일을 축하하는 것과 같은 해괴한 짓이다. 모든 정상적 인간들이 연중 최고의 축하 파티로 생일 파티를 즐기는 것과 마찬가지로 모든 국가는 자기의 생일, 즉 건국일 혹은 독립일을 최고등급의 국경일로 경축한다. 그런데 대한민국만은 생일 파티를 하지 않고 회임에 해당하는 해방일 파티를 최고 등급의 국경일로 경축하는 것이다. 그것도 회임일 파티를 생일 파티라고 우기면서……

대한민국이 광복되지 않은 날인 1945년 8월 15일(엄밀하게 말하자면, 1945년 8월 15일에는 일본이 항복을 선언하기만 했고, 일본의 항복 선언 후 한반도 남부는 미군의 점령통치를 받고 북부는 소련군의 점령통치를 받는 예속상태에 있었다)에 대한민국이 광복되었다고 경축한다는 것은 인간으로 치면 생일이 아닌 날 생일잔치를 해서 생년월일을 혼란스럽게 만드는 것과 같은 일이다.

한편, 우리나라가 1945년 8·15를 최고등급의 국경일인 광복절로 기념한다는 것은 연합군에 의해 우리 영토가 해방된 것을 최고등급의 국경일로 기념·경축한다는 뜻이 된다. 이는 우리 민족의 자긍심을 상하게 하는 심리적 자해 행위이기도 하다. 다른 국가들에서는 외국군대에 의해 자국 영토가 해방된 것을 아예 기념하지 않거나 간략하게 기념한다. 자기 민족 또는 자기 나라의 힘이 없어서 외국군대에 의해 자국 영토가 해방된 사실은 다행스런 일이기는 하지만 다행스런 일이기는 하지만 최고등급의 국경일로 기념할 만큼 자랑스러운 일이 못 되기 때문이다.

국경일법의 당초 의도대로 1948년 8·15를 광복절로 기념하지 않고, 1945년 8·15를 광복절로 기념한다는 것은 단지 국경일법을 위반한 것에 그치지 않는다. 그것은 우리 국민이 수치를 수치로 느낄 줄 모르는 국민임을 세계에 홍보하는 일이며, 조국의 생일을 불확실하게 만드는 일이다. 대한민국을 생일이 불확실한, 신원불명의 인간과 같이 만드는 것은 대한민국의 국가정체성을 훼손한다. 바로 이러한 이유 때문에 대한민국의 정체성을 훼손하고 국가로서의 가치를 평가절하고자 하는 세력은 대한민국의 생일(건국일)이 1948년 8월 15일이 아니라고 주장하고, 광복절이 1945년의 해방을 기념하는 경축일로 왜곡된 것을 지지하며, 광복절이 1948년의 독립=건국을 기념하는 국경일로 정상화되는 것에 완강히 반대하고 있다.

요약하자면, 대한민국의 생일인 독립일=건국일을 경

축하자고 정한 광복절을 생일이 아닌 회임일에 해당하는 해방일을 기념하는 국경일로 왜곡 경축하는 일은 국법을 위반하는 일이고, 광복의 의미에 반하는 일이며, 대한민국의 국가정체성을 훼손하는 일이고, 수치를 깨닫지 못하는 일이고, 상식을 벗어난 해괴한 짓이다. 그것은 또한 해방 후 점령군의 통치 아래서 광복=독립을 앞당기기 위해 투쟁하고, 대한민국의 생일을 경축하도록 국경일법을 제정해준 선열들을 경멸하는 행위이며, 대한민국 국민을 모독하는 처사이다.

광복절과 관련하여 역대 정권이 60여 년 동안이나 지속해온 범죄적 비정상은 조속히 정상화되어야 한다. 어떻게 정상화할 것인가? 해답은 극히 간단하다. 원래대로 돌아가는 두 가지 조치만 취하면 된다.

첫째, 광복절 횟수를 1948년에서 기산하여 표기한다. 해방기념을 함께 표기하고 싶으면 '광복 ○○주년, 해방 ○○주년'(2016년이면 '광복 68주년, 해방 71주년)으로 표기하면 된다. 광복절의 영문번역을 'Liberation Day'에서 'Independence Day'로 환원한다.

둘째, 광복절 기념사에서 대한민국이 1948년 8월 15일에 건국=독립되었으며, 그 민족사적 의의가 크다는 점을 부각시키면 된다(1948년 8월 15일이 대한민국의 생일임을 확인한다).

박근혜 정부는 '비정상의 정상화'를 모토로 내건 정부이고, 국가정체성 보호를 강조하는 정부다. 그런 정부가 행정자치부 장관의 전결로 간단히 처리될 수 있는 '광복절의 정상화'를 단행하지 않고 있는 것은 매우 이상하다.

저자 양동안(梁東安)

1945년 전남 순천에서 출생했다. 1968년 서울대학교 정치학과를 졸업한 뒤, 1975년 중앙대학교 대학원 정외과 석사과정을 졸업했다. 1968년 대학을 졸업한 이후 1990년까지 언론계와 학계 두 영역에서 활동했다. 합동통신기자, 「경향신문」과 「세계일보」의 비상임 논설위원, 중앙대 강사·조선대 전임강사·경기대 조교수를 거쳐, 한국학중앙연구원(한국정신문화연구원의 후신) 교수로 있었다. 1990년 이후 학문연구에만 집중했고, 2009년 한국학중앙연구원에서 퇴직한 뒤 명예교수로 위촉되었다. 주된 연구영역은 정치이데올로기·혁명이론·한국 현대정치사 등이다.

주요 저서로는 『사상과 언어』(2011), 『민주적 코포라티즘』(2005), 『대한민국 건국사』(2001), 『한국의 정치현실』(1989) 등이 있다.

양동안은 학술활동과 언론활동 외에 사회활동도 활발하게 전개해왔다. 사회활동의 초점은 대한민국에 대한 좌익혁명세력의 공격양상을 국민에게 알리고 그에 대한 국민과 정부의 대응방법을 제시하는 데 있다.

이 책 『대한민국 '건국일'과 '광복절' 고찰』은 대한민국의 정확한 건국일이 언제이며 광복절은 정확히 무엇을 경축하기 위한 국경일인지를 이론적으로 정리함으로써, 이 문제에 대한 국민과 정부와 학계의 인식 혼란을 바로잡기 위해 쓰였다.

e-mail : socarista@naver.com

대한민국 '건국일'과 '광복절' 고찰

| 펴낸날 | 초판 1쇄 2016년 6월 15일 |
| | 초판 5쇄 2024년 9월 2일 |

지은이	양동인
펴낸이	김광숙
펴낸곳	백년동안
출판등록	2014년 3월 25일 제406-2014-000031호

주소	경기도 파주시 광인사길 22
전화	031-941-8988
팩스	070-8884-8988
이메일	on100years@gmail.com

| ISBN | 979-11-86061-50-3   03910 |